国家珍贵古籍名录·四库全书总目

中国珍贵典籍史话丛书

《四库全书总目》：前世与今生

18

周积明　朱仁天　◆　著

国家图书馆出版社

图书在版编目（CIP）数据

四库全书总目：前世与今生 / 周积明，朱仁天著 .-- 北京：国家图书馆出版社，2017.4

（中国珍贵典籍史话丛书）

ISBN 978-7-5013-5926-4

Ⅰ .①四… Ⅱ .①周… ②朱… Ⅲ .①《四库全书总目》—研究 Ⅳ .① Z833

中国版本图书馆 CIP 数据核字（2016）第 204087 号

书　　名	《四库全书总目》：前世与今生	
著　　者	周积明　朱仁天　著	
责任编辑	赵　嫄　方自金	
出　　版	国家图书馆出版社（100034　北京市西城区文津街 7 号）	
	（原书目文献出版社　北京图书馆出版社）	
发　　行	010-66114536　66126153　66151313　66175620	
	66121706（传真）　66126156（门市部）	
E-mail	nlcpress@nlc.cn（邮购）	
Website	www.nlcpress.com →投稿中心	
经　　销	新华书店	
印　　装	北京联兴盛业印刷股份有限公司	
版　　次	2017 年 4 月第 1 版　2017 年 4 月第 1 次印刷	
开　　本	710×1000（毫米）　1/16	
印　　张	14.75	
字　　数	190 千字	
印　　数	1—3000 册	
书　　号	ISBN 978-7-5013-5926-4	
定　　价	58.00 元	

《中国珍贵典籍史话丛书》顾问

（按姓氏笔画排序）：

王　尧　　王　素　　王余光　　史金波

白化文　　朱凤瀚　　许逸民　　吴　格

张忱石　　张涌泉　　李孝聪　　李致忠

杨成凯　　陈正宏　　施安昌　　徐　蜀

郭又陵　　傅熹年　　程毅中

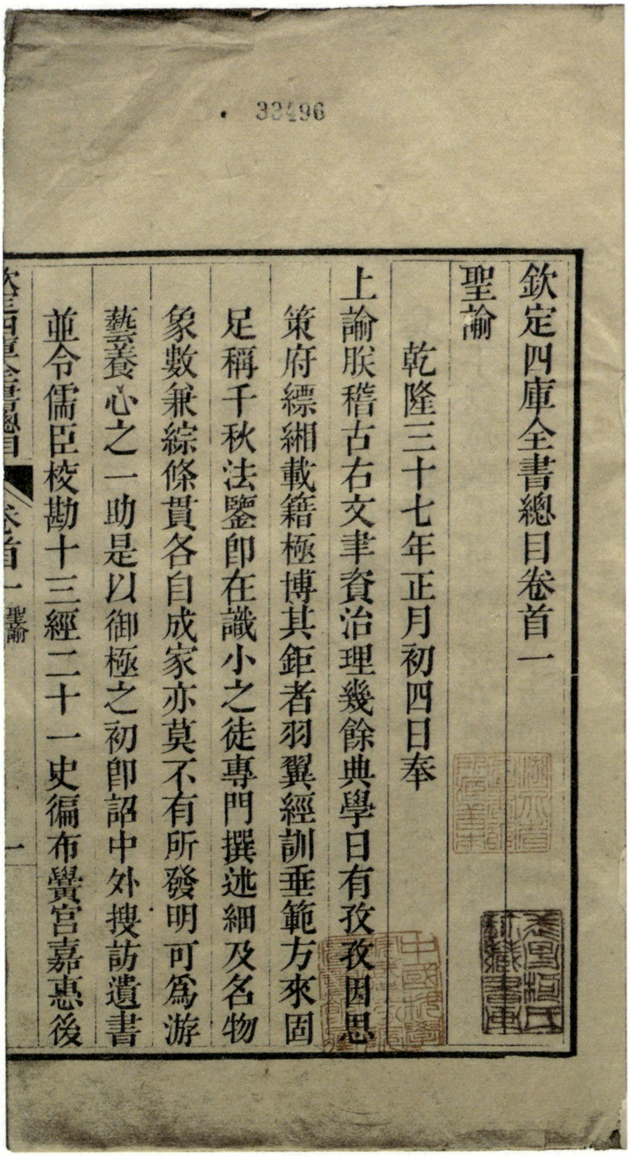
欽定四庫全書總目卷首一

聖諭

乾隆三十七年正月初四日奉

上諭朕稽古右文聿資治理幾餘典學日有孜孜因思策府縹緗載籍極博其鉅者羽翼經訓垂範方來固足稱千秋法鑒即在識小之徒專門撰述細及名物象數兼綜條貫各自成家亦莫不有所發明可為游藝養心之一助是以御極之初即詔中外搜訪遺書並令儒臣校勘十三經二十一史徧布黌宮嘉惠後

欽定四庫全書總目 卷首一 聖諭 一

图一　清乾隆武英殿本　湖北省图书馆藏

欽定四庫全書總目卷三

經部三

易類三

周易窺餘十五卷永樂大典本

宋鄭剛中撰剛中字亨仲金華人紹興二年進士

及第官至禮部侍郎出爲川陝宣撫副使謫居桂

陽軍又責授濠州團練副使復州安置再徙封州

卒後追復原官諡忠愍事跡具宋史本傳王應麟

困學紀聞稱鄭剛中有周禮解義考王與義周禮

図二　清乾隆武英殿本　湖北省図書館藏

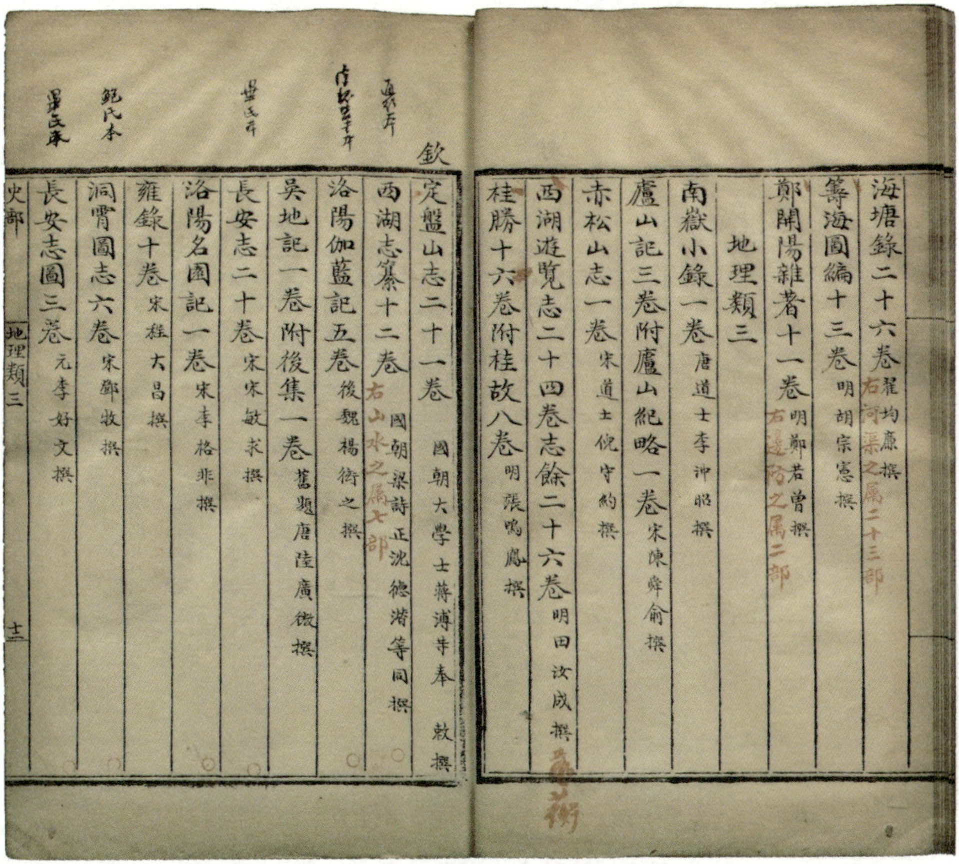

海塘錄二十六卷　翟均廉撰
右河渠之屬二十三部
籌海圖編十三卷　明胡宗憲撰
鄭開陽雜著十一卷　明鄭若曾撰
右邊防之屬二部

地理類三

南嶽小錄一卷　唐道士李沖昭撰
廬山記三卷附廬山紀略一卷　宋陳舜俞撰
赤松山志一卷　宋道士倪守約撰
西湖遊覽志二十四卷志餘二十六卷　明田汝成撰
桂勝十六卷附桂故八卷　明張鳴鳳撰

欽定盤山志二十一卷　國朝大學士蔣溥等奉敕撰
西湖志纂十二卷　國朝梁詩正沈德潛等同撰
右山水之屬七部
洛陽伽藍記五卷　後魏楊衒之撰
吳地記一卷附後集一卷　舊題唐陸廣微撰
長安志二十卷　宋宋敏求撰
洛陽名園記一卷　宋李格非撰
雍錄十卷　宋程大昌撰
洞霄圖志六卷　宋鄧牧撰
長安志圖三卷　元李好文撰

史部　地理類三　十二

图三　清抄本　湖北省图书馆藏

集部　別集類二十　元

純白齋類稾二十卷附錄二卷　胡助撰
經濟文集六卷　李士瞻撰
近光集三卷扈從詩一卷　周伯琦撰
鯨背吟集一卷　舊題朱晞顏撰
青陽集四卷　余闕撰
滄溪文稾三十卷　蘇天爵撰
僑菴集三十卷　李存撰
筠軒集十三卷　唐元撰
瓢泉吟稾五卷　朱晞顏撰

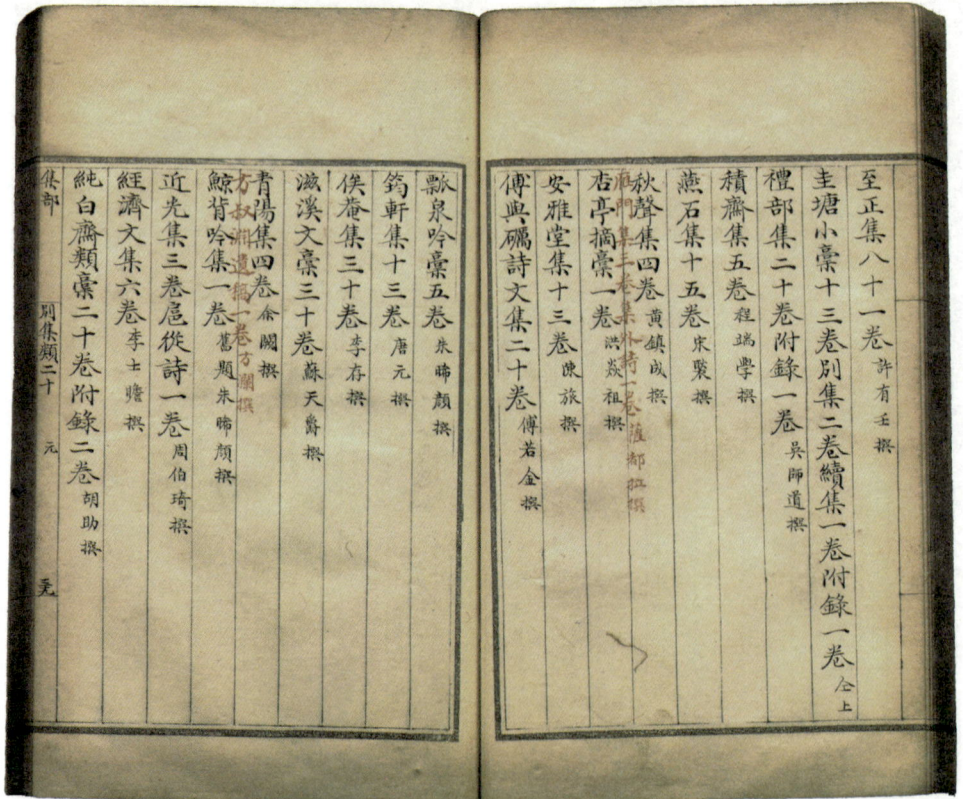

傅與礪詩文集二十卷　傅若金撰
杏亭摘稾一卷　洪焱祖撰
安雅堂集十三卷　陳旅撰
秋聲集四卷　黃鎮成撰
燕石集十五卷　宋褧撰
積齋集五卷　程端學撰
禮部集二十卷附錄一卷　吳師道撰
圭塘小稾十三卷別集二卷續集一卷附錄一卷　合　上
至正集八十一卷　許有壬撰

图四　清抄本　湖北省图书馆藏

《中国珍贵典籍史话丛书》序

　　书籍是记载人类文明发展历程的重要载体，是传播知识和保存文化的重要途径，它蕴藏着丰富的历史文化内涵，是人们汲取精神营养和历史经验的重要来源，在民族兴衰和文化精神的传承维系中，发挥着不可替代的作用。

　　《尚书·多士》云："唯殷先人，有册有典。"在中华民族数千年的岁月里，人们创造出浩如烟海的典籍文献。这些典籍是中华文明的结晶，是民族生存的基石和前进的阶梯。作为人类发展史上最有价值的文化遗产之一，中国古代典籍是构成世界上唯一绵延数千年未曾中断的独特文化体系的主要成分。

　　然而，在漫长又剧烈变动的历史中，经过无数次的兵燹水火、虫啃鼠咬、焚籍毁版、千里播迁，留存于世间的典籍已百不遗一。幸运的是，我们这个民族具有一种卓尔不群的品质：即对于文化以及承载它的典籍的铭心之爱。在战乱颠沛的路途上，异族入侵的烽火里，政治高压的禁令下，史无前例的浩劫中……无数的有识之士，竭尽他们的财力、智慧乃至生命，使我们民族的珍贵典籍得以代代相传，传承至今。这些凝聚着前人心血的民族瑰宝，大都具有深远的学术影响、独特的艺术魅力和突出的文物价值，是今天人们了解和学习我国优秀传统文化的宝贵实物资料。它们记载着中华民族的辉煌历史和灿烂文化，诉说着中华民族的百折不挠、临危不惧的民族精神，是先辈留给我们的宝贵精神财富。

新中国成立以来，党和国家高度重视典籍文献的保护工作。2007 年启动实施的"中华古籍保护计划"，由国家古籍保护中心（国家图书馆）负责实施，成效显著，在社会上产生了极大的反响。迄今为止，已由国务院陆续公布了四批《国家珍贵古籍名录》，收录了全国各类型藏书机构和个人收藏的珍贵古籍 11375 部，并拨付专项资金加以保护。可以说，这是一项前所未有的伟大事业。

尽管我国存世的各种典籍堪称汗牛充栋，但为典籍写史的著作却少之又少，许多典籍所蕴含的历史故事鲜为人知，如果不能及时加以记录、整理，随着时代的变迁，它们难免将逐渐湮没在历史长河中，成为中华文明传承中的一大憾事。为此，2012 年底，国家图书馆启动了"中国珍贵典籍史话丛书"项目，旨在"为书立史""为书修史""为书存史"。项目由"中华古籍保护计划"支持立项，采取"史话"的形式，选择《国家珍贵古籍名录》中收录的蕴含着丰富历史故事的珍贵典籍，用通俗的语言讲述其在编纂、抄刻、流传、收藏过程中产生的引人入胜、启迪后人的故事，揭示其与当时的政治、经济、文化和社会发展的密切关系，力图反映中国书籍历史的辉煌与灾厄、欢欣与痛楚。通过生动、多样、丰满的典籍历史画面，使人们更深入地了解和认识典籍，领略典籍的人文精神和艺术魅力，感受中华文化的深厚底蕴。

中华优秀传统文化是我们最深厚的文化软实力。"中国珍贵典籍史话丛书"是以人们喜闻乐见的方式弘扬中华民族博大精深的灿烂文化，使书写在古籍里的文字活起来的一次有益尝试。丛书力求为社会公众提供普及读物，为广大文史爱好者和从业人员提供学习资料，为专家学者提供研究参考。其编纂主要遵循两个原则：一是遵循客观，切近史实。本丛书是关于典籍的信史、正史，而非戏说、演义。因此，每一种史话都是作者钩沉索隐、多方考证的结果，力求言之有据，资料准确，史实确凿，观点审慎；二是通俗生动，图文并茂。本丛书旨在让更多的人了解和热爱中华典籍，通过典籍深入理解中华文化。相对于一般学术著作，它更强调通俗性和生动性，以史话的方式再现典籍历史，雅俗共赏，少长咸宜。

我们真切地希望，通过这套丛书，生动再现典籍的历史，使珍贵典籍从深闺中走出来，进入公众的视野，走进每位爱书人心中，教育和启迪世人，推动"关爱书籍，热爱阅读"的社会风气的形成，让承载着中华文明的典籍在每个人心中长留悠远的书香，为提升全民族文化素养、推动传统文化与时代精神的融合发展做出积极贡献。

"中国珍贵典籍史话丛书"项目自启动以来，得到了社会各界的广泛关注和专家学者的大力支持。一批有较高学术造诣的专家学者直接参与了丛书的策划和撰稿工作，并对丛书的编纂工作积极建言献策，给予指导。借此机会，深表感谢。以史话的形式为书写史，尚属尝试，难免有疏漏、不妥之处，敬请专家学者批评指正，也欢迎广大读者提出宝贵意见和建议。

韩永进

2014 年春于北京

目　　录

自 序

1984—1987年，我在华中师范大学攻读明清史研究生，张舜徽师给我们上文献课，一再援引龚自珍之论，建议我们读《四库全书总目》一过，以知中国古代学术之门径。我66届初中毕业，文献基础极为薄弱，因此，对舜徽师的指导，听之入耳，记之于心，谁知就此一读，开启了我学术生涯的一扇大门。

我最初读《四库全书总目》，是把它作为学术的工具书来读，欲以此为门径，了解古籍，为学术研究打下基础。但是，在读《四库全书总目》的过程中，比起版本与作者的考订来说，更吸引我的是提要对作者与书籍的评价以及对史事的评说。我下意识觉察到与其把《四库全书总目》作为一部引导学人初知学术门径的目录书、工具书，毋宁把它视为一部渗透了价值观念的学术史著作，一部能体现当时文化精英与统治集团观念的文化史著作。沿着这样一个思考方向，我先以《四库全书总目的史学思想》作为学位论文，继之，撰写了《文化视野下的〈四库全书总目〉》，蒙广西人民出版社周伟励君不弃，予以支持出版。2001年10月，中国青年出版社予以再版。

以今天的眼光审视，二十多年前出版的《文化视野下的〈四库全书总目〉》无论资料运用，还是理论分析，都十分粗糙。但是，由于这本著作采用了一种新的眼光、新的视角来研究《四库全书总目》，因此引起了海峡两岸学者的关注。1992年我到香港大学开会，很惊讶地看到，好几位学者的书架上都陈放有这本书；1998年，台湾淡江大学筹备召开"海峡两岸首届四库学讨论会"。据说，台湾研究四库学的著名学者吴哲夫先生专门交代，一定要找到《文化视野下的〈四库全书总目〉》的作者，把他请来开会。当时海峡两岸暨香港的学术交流渠道不畅，《文化视野下的〈四库全书总目〉》在台、港两地的传播，一是靠中介书商加价售卖，二是私人辗转复制。我手头就有一本淡江大学周彦文教授赠送给我的当年的复印本，开本很大。遗憾的是，封面上作者的姓名打印成了"周职明"。

正是因为与《四库全书总目》有这样一段缘分，当国家图书馆研究院高柯立君来信邀请我写《〈四库全书总目〉史话》时，不由欣然接受。由于书稿约定完成时间，我正在从事其他课题，因此，特请我的硕士生朱仁天君协助。仁天君学习踏实勤奋，硕士论文《从书信解读夏曾佑及其人际交往》，写得细腻厚实，被评为2015年湖北省优秀硕士学位论文。一年多来，尽管有求职谋生的极多干扰，写作环境也较为艰苦，但仁天君还是根据大纲，勉力完成了初稿。初稿大致成型后，我对书稿进行了增删修正，部分章节亲自执笔，有需要补充完善的地方又返回仁天君修改，如此这般，数番往复，终于完成定稿。国家图书馆审稿通过后，我和仁天君又共同对书稿进行了最后的修改和完善。书稿完成过程中，雷平副教授与马建强博士在文献与版本资料上提供了诸多有力帮助。多年来，他们在我身边工作学习，由学生而同事，是不可多得的"读书种子"，读书、研究、思考已经溶入了他们的生命。我欣喜于他们的发展，并对他们学术的未来寄予厚望。书稿完成后，硕士生邹俊涛受委托对全书的史料进行了逐条核对，对史料的出处予以规范化处理。硕士生黄予协助书稿中的插图拍照，十分勉力与细致。清华大学科学技术史暨古文献研究所刘蔷研究员慷慨赐给她亲自拍摄的文津阁、文澜阁的照片，衷心感谢。我和刘蔷研究员相识于 18 年前同赴台北参加"两岸四库学研讨会"。当时的刘蔷正值风信年华，盈盈素雅。今天的刘蔷，则已经成为成熟的学者，著名于版本目录学界与四库学研究领域，由此可见刘蔷的聪慧与努力，亦呈现出学术界新陈代谢的轨迹。虽然，限于体例，书中最终未采用插图，但在序言中我仍然要表达对刘蔷老师的衷心谢意。国家图书馆出版社赵嫄女士担任本书编辑，备极细致耐心，谨此致以由衷谢意。

　　本书叙《四库全书总目》的编纂经过、运行机制、从分纂官到乾隆帝的角色功能，以及《四库全书总目》版本的流传、研究状态，正包括了它的前世今生，故以此为题。谨记。

周积明 2015 年 11 月于滨江寓所

第一章　《四库全书总目》的编撰

第一节　《四库全书总目》的编撰缘起

乾隆三十七年正月初四，公元 1772 年 2 月 7 日，帝都北京还沉浸在节日的氛围之中，一道谕旨从紫禁城传出。该谕旨非关军国要政，而是意在搜访天下遗书：

> 今内府藏书，插架不为不富，然古今来著作之手，无虑数千百家，或逸在名山，未登柱史，正宜及时采集，汇送京师，以彰稽古右文之盛。①

谕旨的发布者爱新觉罗·弘历（1711—1799），此时登位已三十七年。三十七年中，他武功赫赫，先后平定了准噶尔之乱与大小和卓叛乱，并首次取得了大小金川之役的胜利，清帝国声威大振。当边疆局势大定，乾隆帝将注意力投向文治。早在即位之初，乾隆帝就已经开始组织学者修《国朝宫史》，又下令续修《大清一统志》以及著名的《续三通》（《续通典》《续通志》《续文献通考》）、《清三通》（《清朝文献通考》《清朝通典》

---

① 中国第一历史档案馆编：《纂修四库全书档案》，乾隆三十七年正月初四日，上海：上海古籍出版社，1997 年，第 1 页。

《清朝通志》）等。然而，乾隆帝并不满足于此，他心目中的文化盛业目标是超越祖父康熙帝。

乾隆帝的祖父康熙帝，在文化建设上颇有功勋。《康熙字典》《大清会典》《佩文韵府》《全唐诗》等鸿篇巨制，都是康熙朝的产物。而于康熙四十年（1701）开始编纂的《古今图书集成》，则是现存规模最大、资料最丰富的一部类书，内容涉及中国古代社会的政治、军事、教育、文学、艺术等各个方面，相当于中国古代的一部大百科全书。该书共一万卷，直到雍正六年（1728）才印制完成。对这部旷世大书，乾隆帝本应深怀敬意，但他却在谕旨中公开指出：《古今图书集成》"因类取裁"，亦即对原书进行了切割，所以"不能悉载全文，使阅者沿流溯源，一一征其来处"。而他的目标，则是把书籍的全本都搜集起来，充实到宫廷藏书中，以便翻检查阅。这样，就能在图书的采集上创造超越康熙朝的文化宏业，彰"千古同文之盛"。

那么，哪些书在采集范围呢？乾隆帝在谕旨中作出指示：

> 其令直省督抚会同学政等，通饬所属，加意购访。除坊肆所售举业时文，及民间无用之族谱、尺牍、屏幛、寿言等类，又其人本无实学，不过嫁名驰骛，编刻酬倡诗文，琐屑无当者，均毋庸采取外，其历代流传旧书，内有阐明性学治法，关系世道人心者，自当首先购觅。至若发挥传注，考核典章，旁暨九流百家之言，有裨实用者，亦应备为甄择。又如历代名人，洎本朝士林宿望，向有诗文专集，及近时沉潜经史，原本风雅，如顾栋高、陈祖范、任启运、沈德潜辈，亦各有成编，并非剿说卮言可比，均应概行查明。在坊肆者，或量为给价；家藏者，

或官为装印。其有未经镌刊，只系抄本存留者，不妨缮录副本，仍将原书给还。并严饬所属，一切善为经理，毋使吏胥藉端滋扰。[①]

据此指示，所欲采集之书中，"阐明性学治法，关系世道人心者"优先购觅；"发挥传注，考核典章，旁暨九流百家之言，有裨实用者"，"备为甄择"；"历代名人，洎本朝士林宿望"之"诗文专集"与"沉潜经史"之著作，也在关注范围。采集的办法，是"在坊肆者，或量为给价"，"家藏者，或官为装印"，"其有未经镌刊，只系抄本存留者，不妨缮录副本，仍将原书给还"。乾隆帝深知，这一谕旨有可能会成为下属的扰民之举，因此，他在谕旨中要求："严饬所属，一切善为经理，毋使吏胥藉端滋扰。"

在这道谕旨中，乾隆帝还提出了为所采图书编写目录的要求：

> 各省搜辑之书卷帙必多，若不加之鉴别，悉令呈送，烦复皆所不免。著该督抚等先将各书叙列目录，注系某朝某人所著，书中要旨何在，简明开载，具折奏闻。候汇齐后，令廷臣检核，有堪备阅者，再开单行知取进。庶几副在石渠，用储乙览。从此四库七略，益昭美备，称朕意焉。

根据如上程序，各地督抚采集到书后，先以提要的方式概括书的大致情况上报，然后，廷臣根据提要，对"有堪备阅者"，"开单行知取进"，这样就避免了廷臣面对采集来的大量书籍无从下手的窘况。这个设计应该

①　中国第一历史档案馆编：《纂修四库全书档案》，乾隆三十七年正月初四日，第1—2页。

是比较合理的。

依今人之想象，皇帝谕旨一下，各地当雷厉风行，然而，真实的历史却非如此。乾隆帝的谕旨下达后，一开始并未引起地方官员的重视。时间过去了十个月，各地依然相互观望，无人奏报一书，这令乾隆帝十分恼怒。十月十七日，乾隆帝再发谕旨，厉声加以斥责：

> 前以历代流传旧书及国朝儒林撰述，向来未登大内收藏书目者，已降旨直省督抚会同各学政，通行购访，汇列书名奏闻，再令廷臣检核，行知取进。迄今几及匝岁，曾未见一人将书名录奏，饬办殊为延缓。……为大吏者果能及时率属加意搜罗，自当有求必应，何至阅时既久，裒集无闻？……甚非所以体朕念典勤求之至意也。①

他要求"各督抚等其即恪遵前旨，饬催所属，速行设法访求，无论刊本、抄本，一一汇收备采，俟卷帙所积稍充，即开具目录，附折奏明，听候甄择移取。仍将现在作何办定章程及有无购得若干部之处，先行据实奏覆"。

在此番督逼之下，各省才开始出现陆陆续续的上奏。十一月初三日，山东巡抚与学政奏报："数月以来，据各属缴到书籍二十一种。"十一月初七日，直隶总督奏报采书四部。十一月初九日，山西巡抚奏报书籍八种，其中六种"坊间流传通有，自非购访所需"。十一月十四日，湖北巡抚奏覆正在办理。十一月十六日，河南巡抚奏称"各属陆续送到书籍一十八种"。十一月二十日，江西巡抚奏报"现在书籍四十余部"。十一月十六日，浙

---

① 中国第一历史档案馆编：《纂修四库全书档案》，乾隆三十七年十月十七日，第5—6页。

江巡抚奏报购访遗书五十六种。一个月过去，只有七个省份上报了采书数目，而且也只是寥寥几部，至多不过几十部。地方官员的反应，依然显得有些冷淡。不但购访书籍数量不多，而且价值也不高，征书工作远未达到乾隆帝的预期。

正当乾隆帝倡导的征书活动陷于进退两难之际，一个关键人物出现了。此人乃安徽学政朱筠。

朱筠（1729—1781），字竹君，又字美叔，号笥河，顺天府大兴县（今北京市大兴区）人。清代著名考据学家。朱筠早年博学多才，乾隆十九年（1754）中进士，历任翰林院编修，日讲起居注官，翰林侍读学士，协办内阁学士批本事。乾隆三十六年（1771），被任命为安徽学政。

乾隆三十七年（1772）十一月二十五日，上任未久的朱筠上了一本奏折。奏折中，他就搜访遗书之事提出了四条建议：1.旧刻抄本，尤当急搜也；2.金石之刻，图谱之学，在所必录也；3.中秘书籍，当标举现有者，以补其余也；4.著录校雠，当并重也。相比乾隆帝最初的搜书谕令，朱筠的建议无疑又拓展了范围，指出了方向。其中尤当注意者，乃是后两条。

在第三条建议中，朱筠把搜书范围扩大到了宫廷内府藏书，并提出了《永乐大典》的辑佚问题，他说：

> 中秘书籍，当标举现有者，以补其余也。臣伏思西清东阁所藏，无所不备，第汉臣刘向校书之例，外书既可以广中书，而中书亦用以校外书。请先定中书目录，宣示外廷，然后令各举所未备者以献，则藏弃日益广矣。臣在翰林，常翻阅前明《永乐大典》。其书编次少伦，或分割诸书以从其类。然古书之全而世不恒觌者，辄具在焉。臣请敕

择取其中古书完者若干部，分别缮写，各自为书，以备著录。书亡复存，艺林幸甚！①

朱筠认为搜访遗书，要先从中秘书籍、也就是宫廷藏书开始，以此带动民间的献书行动，并将"中书""外书"互校。成书于明朝永乐年间的《永乐大典》，是宫廷藏书中最大的一部。它同《古今图书集成》一样，也是一部类书，其特点是"分割诸书以从其类"，类似于今天的百科全书。朱筠指出，《永乐大典》虽然"编次少伦"，但是，"古书之全而世不恒觏者，辄具在焉"。他希望能在民间采书的同时，择取《永乐大典》中"古书完者若干部"，加以辑佚，恢复其全貌，"以备著录"。

在第四条建议中，朱筠提出了为所校书籍编写提要目录的事情：

著录校雠，当并重也。前代校书之官，如汉之白虎观、天禄阁，集诸儒较论异同及杀青；唐宋集贤校理，官选其人。以是刘向、刘知幾、曾巩等，并著专门之业。列代若《七略》《集贤书目》《崇文总目》，其书具有师法。臣请皇上诏下儒臣，分任校书之选，或依《七略》，或准四部，每一书上必校其得失，撮举大旨，叙于本书首卷，并以进呈，恭俟乙夜之披览。臣伏查武英殿原设总裁、纂修、校对诸员，即择其尤专长者，俾充斯选，则日有课，月有程，而著录集事矣。②

此建议的要点在于，首先要成立一个校书的机构，"诏下儒臣，分任

① 中国第一历史档案馆编：《纂修四库全书档案》，乾隆三十七年十一月二十五日，第 21 页。

② 同上。

校书之选"，"日有课，月有程"，则著录之事可有序推进。其次，校书的同时，"必校其得失，撮举大旨"，"叙于本书首卷，并以进呈"，也就是写出提要，置于卷首，以便乾隆帝披览。他的这个建议，成为后来《四库全书总目》编纂的先声。

朱筠的奏折，深得乾隆帝重视，他随即将朱筠的奏折交与大臣商议。次年二月初六日，军机大臣刘统勋等根据朱筠的四条建议，拟定了四项可行办法，向乾隆帝奏覆。其中最后一项，专门谈到编目问题：

> 查古人校定书籍，必缀以篇题，诠释大意。《汉书·艺文志》所称条其篇目、撮其指意者，所以伦次得失，使读者一览了然，实为校雠良法。但现今书籍，较之古昔日更繁多，况经钦奉明诏，访求著录者，自必更为精博。若如该学政所奏，每一书上必撮举大旨，叙于卷首，恐群书浩如渊海，难以一一概加题识。查宋王尧臣等《崇文总目》、晁公武《读书志》，皆就所有之书，编次目录，另为一部，体裁最为简当，应即仿其例。俟各省所采书籍全行进呈时，请敕令廷臣详细校定，依经、史、子、集四部名目，分类汇列，另编目录一书，具载部分卷数，撰人姓名，垂示永久，用昭策府大成，自轶唐宋而更上矣。[①]

刘统勋等人认为，依朱筠所说，"每一书上必撮举大旨，叙于卷首"，"恐群书浩如渊海，难以一一概加题识"，太过麻烦，应该等各省所采书籍全部到齐后，"令廷臣详细校定，依经、史、子、集四部名目，分类汇

---

① 中国第一历史档案馆编：《纂修四库全书档案》，乾隆三十八年二月初六日，第 54 页。

列"。与此同时，再另编一部目录书，详细记载各书的部册、卷数、作者等。两相补充，形成一个书籍著录的系统工程。

对刘统勋等人的奏议，乾隆帝十分赞同，批示"依议"。又专门下达谕旨，对《永乐大典》辑佚、校核等问题，作出指示和具体安排，同时对提要目录的编写方式作出裁断：

> 至朱筠所奏每书必校其得失，撮举大旨，叙于本书卷首之处，若欲悉仿刘向校书序录成规，未免过于繁冗。但向阅内府所贮康熙年间旧藏书籍，多有摘叙简明略节，附夹本书之内者，于检查洵为有益。应俟移取各省购书全到时，即令承办各员将书中要指隐括，总叙崖略，黏贴开卷副页右方，用便观览。①

他的指示，综合了朱筠与刘统勋等人的方案，确定了后来《四库全书总目》编纂的工作模式。

二月十一日，乾隆帝在致内阁的谕令中，强调了校核《永乐大典》使用四部分类法的问题："……朕意从来四库书目，以经、史、子、集为纲领，裒辑分储，实古今不易之法。是书既遗编渊海，若准此以采撷所登，用广石渠金匮之藏，较为有益。"②二月二十一日，乾隆帝在批示刘统勋等奏议定校核《永乐大典》条例折中，明确提出："将来办理成编时，著名'四库全书'。"这个命名，在中国文化的丰饶大地上竖立起一座丰碑，也为

---

① 中国第一历史档案馆编：《纂修四库全书档案》，乾隆三十八年二月初六日，第55—56页。
② 中国第一历史档案馆编：《纂修四库全书档案》，乾隆三十八年二月十一日，第57页。

依《四库全书》为母体而编纂的图书总目录确立了光华灿烂的书名：《四库全书总目》①。

第二节　《四库全书总目》的编撰过程

《四库全书总目》的编撰经历了一个长期的过程。自乾隆三十七年（1772）下诏征书，到乾隆三十八年（1773）开始编撰，乾隆四十六年（1781）初稿完成，乾隆六十年（1795）正式刊刻成书，前后长达二十余年之久。这个过程，大致可分为以下几个阶段：

一、酝酿与准备阶段（乾隆三十七年正月至乾隆三十八年二月）

《四库全书总目》的编撰，主要是四库全书馆开馆之后的事情，但是，从乾隆三十七年正月乾隆帝下旨征书到乾隆三十八年二月底四库馆开馆之前，为征集、辑佚书籍"条其篇目，撮其指意"，是乾隆帝与朱筠、刘统勋等人反复提及的话题之一，也是他们的共识。此绝非与《四库全书总目》无关之闲笔，而是《四库全书总目》编撰的酝酿与准备阶段，因为，《四库全书总目》编撰的思路和工作程序正是在这些讨论中大致确定。

二、编撰初稿阶段（乾隆三十八年三月至乾隆四十六年二月）

乾隆三十八年二月底，四库全书馆开馆；三月，《四库全书》纂修工作拉开帷幕。此时，各省搜访遗书工作还正在进行之中。率先校办的，是《永

---

①　《四库全书总目》，全称《钦定四库全书总目》。在长期而广泛的传播过程中，又有多种不同的名称使用习惯。比如：《四库全书总目提要》《钦定四库全书总目提要》《钦定四库全书提要》《四库全书提要》《四库总目提要》《全书总目提要》《全书总目》《总目提要》《四库总目》《四库提要》《提要》《总目》等。本书中多简称《总目》。

乐大典》。闰三月十一日，办理四库全书处奏报：

> 《永乐大典》内所有各书，现经臣等率同纂修各员逐日检阅，令
> 其将已经摘出之书迅速缮写底本，详细校正后即送臣等复加勘定，分
> 别应刊、应抄、应删三项。其应刊、应抄各本，均于勘定后即赶缮正
> 本进呈。将应刊者即行次第刊刻。仍均仿刘向、曾巩等目录序之例，
> 将各书大旨及著作源流详悉考证，诠疏崖略，列写简端，并编列总目，
> 以昭全备。即应删者，亦存其书名，节叙删汰之故，附各部总目后。
> 凡内廷储藏书籍及武英殿官刻诸书，先行开列清单，按照四部分排，
> 汇成副目。此外，或有向系通行并非应访遗书，而从前未归插架者，
> 亦应查明开单，另为编录。至于纂辑总目，应俟《永乐大典》采撮完
> 竣及外省遗书开送齐全后，再行汇办进呈。[①]

　　这篇奏稿，确立了校办《永乐大典》的工作流程：先由纂修各员逐日
检阅，将已经摘出之书迅速缮写底本、详细校正，其后送总裁官复加勘定，
并分出应刊、应抄、应删三项。其中，应刊、应抄各本，于勘定后即赶缮
正本进呈。应刊者则即行次第刊刻。此后，四库馆又设置了总纂官一职，
勘定工作多由总纂官负责，整个工作流程也更为精细化，但大体还是在这
个框架的基础上进行。

　　值得注意的是，正是在这篇奏稿中，三次出现了"总目"一词，这是
与《四库全书》有关的"总目"一词在清廷的文件中首次独立出现。根据

---

　　①　中国第一历史档案馆编：《纂修四库全书档案》，乾隆三十八年闰三月十一日，
第74—75页。

"办理四库全书处"所规划的工作路线，从《永乐大典》中摘出之书，须撰写提要，即总裁官在确定应刊、应抄、应删之后，作提要"列写简端"。即使应删者"亦存其书名，节叙删汰之故"。虽然，《总目》的纂辑，"应俟《永乐大典》采撮完竣及外省遗书开送齐全后，再行汇办进呈"，但这一阶段书前提要的撰写，即为《四库全书总目》编撰之开始。因为《总目》就是由这些分散的书前提要所组成，它们"分之则散弁诸编，合之则共为《总目》"。

随着采书活动的大力推进，外省所采与内府所藏的各类书籍，已"不下万余种"。五月初一日，乾隆帝在圣谕中"特诏词臣，详为勘核，釐其应刊、应抄、应存者，系以提要，辑成总目"①。五月十七日，乾隆帝再次谕令："所有进到各书，并交总裁等，同《永乐大典》内现有各种详加核勘，分别刊抄。择其中罕见之书，有益于世道人心者，寿之梨枣，以广流传。余则选派誊录，汇缮成编，陈之册府。其中有俚浅讹谬者，止存书名，汇为《总目》，以彰右文之盛。"②

采进书、内府书的办理与《大典》本稍有不同。各省采进书送达四库馆后，纂修官即为之写出提要稿，并提出应刊、应抄、应存目等不同处理意见，再送给总纂官、总裁官审阅修订，其中应刊、应抄者呈请乾隆帝裁定后，再发回详校，最后由武英殿缮书处校正誊录正本。

《总目》的编纂，进度较为顺利。乾隆三十九年（1774）七月二十五日，办理四库全书处将已完成的部分分纂提要稿汇编进呈御览。乾隆帝阅

---

① 中国第一历史档案馆编：《纂修四库全书档案》，乾隆三十八年五月初一日，第108页。

② 中国第一历史档案馆编：《纂修四库全书档案》，乾隆三十八年五月十七日，第117页。

后，甚为称赞，谕曰："办理四库全书处进呈《总目》，于经、史、子、集内，分晰应刻、应抄及应存书名三项。各条下俱经撰有提要，将一书原委，撮举大凡，并详著书人世次爵里，可以一览了然。较之《崇文总目》，搜罗既广，体例加详，自应如此办理。"①这是对《总目》编纂的充分肯定。在这份谕旨中，乾隆帝又提出两条要求：

其一，在提要中著明底本的来源，如献书百种以上者，"将其姓名附载于各书提要末"；百种以下者，"亦应将由某省督抚某人采访所得，附载于后"；"其官板刊刻及各处陈设库贮者，俱载内府所藏"。

其二，编纂《四库全书简明书目》。乾隆帝指示："现办《四库全书总目提要》，多至万余种，卷帙甚繁。将来抄刻成书，翻阅已颇为不易，自应于《提要》之外，另刊《简明书目》一编，只载某书若干卷，注某朝某人撰，则篇目不烦而检查较易。俾学者由《书目》而寻《提要》，由《提要》而得《全书》，嘉与海内之士考镜源流，用昭我朝文治之盛。"

同年八月五日，乾隆帝寄谕各省督抚，下令交出、销毁各种违碍书籍。此后，访书活动转入了一场查禁书籍运动之中。《四库全书总目》的编撰与此相一致，分纂官在为采进书籍编写提要稿的同时，也对书籍内容进行了甄别清理。

乾隆四十年（1775）八月九日，总裁官于敏中在给总纂官陆锡熊的信中说："进呈书目提要，此时自以叙时代为正，且俟办《总目》时，再分细类批阅，似较顺眼。"②可见，此时进呈的书目提要，基本上还属于纂

---

① 中国第一历史档案馆编：《纂修四库全书档案》，乾隆三十九年七月二十五日，第 228 页。

② （清）于敏中：《于文襄手札》第 44 通，国立北平图书馆，1933 年。转引自王重民：《中国目录学史论丛》，北京：中华书局，1984 年，第 229 页。

修官们所撰写的单篇提要初稿，没有予以细致分类，也没有进行全面的统一审改。

在分纂官撰写出大量提要稿的基础上，总纂官开始对提要稿进行分类编排，斟酌修改，纂修成书。由于留存下来的史料不多，难以细述总纂官编撰《总目》的具体细节。但可以肯定的是，在这个过程中，他们付出了大量的心血。从一篇篇各自独立的提要稿到一部完整统一的《总目》，是总纂官努力的结果。

经过四库馆纂修人员八年的辛勤劳作，乾隆四十六年（1781）二月十三日，《四库全书总目》初稿办竣，呈请御览。乾隆帝见后颇感详核，总纂官纪昀、陆锡熊以及所有协勘、查校人员皆受嘉赏。

三、修改缮写完善阶段（乾隆四十六年二月至乾隆六十年十一月）

《四库全书总目》虽于乾隆四十六年二月完成初稿，却至乾隆六十年（1795）才最后完工，其间经历了长达 14 年的修改补益完善，亦可谓官修目录史上的奇观。

起初，四库馆臣在修书过程中，把乾隆帝的历次谕旨及其所题《四库全书》诸书诗文皆列于《总目》初稿的卷首，并请于经、史、子、集各部冠以"圣义""圣谟"等六门，恭载列圣钦定诸书及乾隆帝御制御批各种著述，以体现皇上至高无上的英明睿智。但乾隆帝为显示"大公至正"，除同意卷首列其历次谕旨外，对四库馆臣其余所请不予允准。乾隆四十六年二月十五日，乾隆帝在圣谕中说："若以钦定诸书列于各代之前，虽为纂修诸臣尊崇本朝起见，而于编排体例，究属未协。……所有《四库全书》经、史、子、集各部，俱照各按撰述人代先后，依次编纂。至我朝钦定各书，仍各按门目分冠本朝著录诸家之上，则体例精严，而名义亦秩然不紊，称朕折衷详慎之至意。"①

　　乾隆帝作出指示后，四库馆臣不得不"将体例遵奉改正，另行排次"，把包含一万多条提要的《总目》重新编排了一遍。这项工作持续了一年多，直到乾隆四十七年（1782）七月十九日，《总目》的编次体例才改定完竣，"仍编成二百卷，装作二十函"，连同《四库全书简明目录》二十卷、《四库全书考证》一百卷，再次进呈。

　　改定后的《四库全书总目》，书前除了列有与《四库全书》有关的历次圣谕，总裁官还奏请将进书表文与办理《四库全书》在事诸臣职名一并写入。乾隆帝看了进书表文，感到很满意，问起作者。军机大臣奏道："恭进《四库全书表》，系大理寺卿陆锡熊、编修吴省兰公同编纂，复经侍郎纪昀敬谨改定进呈。"②次日，乾隆帝给三人各赏以缎、扇、笔、墨等物。

　　《四库全书》的总裁官在进呈《四库全书总目》时，另折奏请将钦定后的《四库全书总目》缮写正本四分，陈设于内廷四阁（文渊阁、文源阁、文津阁、文溯阁）。此议得到乾隆帝同意。

　　乾隆四十八年（1783）二月二十七日，总裁官奏道："（《四库全书总目》）蒙皇上钦定发下，缮写四分于四阁陈设。现已缮出第一分，于本年正月送武英殿装潢，其余三分缮写将竣，现在校对。"③但是，由于有一些续编、或为收入《四库全书》而临时纂修的官书，如《大清一统志》《皇清开国方略》《满洲源流考》《宗室王公表传》等，还在赶办之中，而这些"未

　　① 中国第一历史档案馆编：《纂修四库全书档案》，乾隆四十六年二月十五日，第1291页。

　　② 中国第一历史档案馆编：《纂修四库全书档案》，乾隆四十七年七月十九日，第1606页。

　　③ 中国第一历史档案馆编：《纂修四库全书档案》，乾隆四十八年二月二十七日，第1711页。

成之书，尚须续纂提要，依类归入（《总目》）"（三月十八日军机大臣奏折），所以《四库全书总目》仍迟迟未能最后定稿，也未能及时陈设四阁。

乾隆四十七年至五十年（1782—1785），《四库全书》先后入藏内廷四阁，预备陈设江浙三阁（文汇阁、文宗阁、文澜阁）的《四库全书》也已开始缮写。此时，《四库全书总目》虽然还未能刊刻成完书，但书前提要已经伴随《四库全书》入藏四阁。书前提要（又称"阁书提要""库本提要""卷首提要""原本提要"等），是列于《四库全书》各书卷首的提要。书前提要在分纂提要的基础上，经历了总纂官等人不同程度的修改，它虽不像后来的《总目》提要那样严谨统一，但比起分纂提要，则更规范成熟。由于《四库全书》抄写入阁的时间不同，所以不同藏书阁的书前提要也存在着诸多不同。书前提要之间存在的诸多不同，说明《四库全书总目》在没有刊刻成书的情况下，仍处于不断地修改与完善之中。

陈设于藏书阁的，还有四库馆臣缮写的《四库全书总目》。写本《总目》的入藏时间，应该比《四库全书》入藏时间稍晚。而且，入藏每个藏书阁的写本《总目》抄写、入藏的时间也不尽相同，因为从保存下来的部分写本《总目》看，它们的内容并不完全一致。这同样说明，《四库全书总目》在缮写过程中仍在不断进行修改与完善。

乾隆五十一年（1786），《四库全书总目》基本修改完毕，四库馆臣奏请刊刻，得到乾隆帝应允，遂缮写式样，再次呈览。但出乎他们意料的是，《四库全书总目》的修改与补正又起波澜。

乾隆五十二年（1787）三月，乾隆帝在续缮的江浙三分《四库全书》中发现，李清所撰《诸史同异录》一书把顺治皇帝与明朝的末世之君崇祯帝相提并论，称他们有四事相同。这令乾隆帝大为恼怒，除了追究相关人员的责任，乾隆帝还在三月十九日谕令："所有四阁陈设之本及续办三分书内，俱著掣出销毁。其《总目提要》亦著一体查删。"①

同年五月，乾隆帝在翻阅文津阁《四库全书》时发现"其中讹谬甚多"，"因思文渊、文源二阁所贮《四库全书》，其讹舛处所，亦皆不一而足"②，于是下令对内廷四阁全书进行全面校阅。这一轮复校工作一直持续到乾隆五十五年（1790）七月才结束。乾隆五十六年至五十七年（1791—1792），由于又有新的问题发现，四库馆对《四库全书》进行了第二轮校阅。复校工作的领导者，是总纂官纪昀和陆锡熊。每次复校，都带来《四库全书总目》的重新修订。有研究发现，《四库全书总目》存目部分，数目的增入和抽出均是 1788—1793 年间发生的。也就是说，《四库全书总目》随着《四库全书》的抽毁删补亦在不断地增删订补。同时，《四库全书总目》本身错误的发现，也导致了《四库全书总目》内容上的继续修订。

乾隆五十七年（1792）阁书复校工作结束，但《四库全书总目》的修订仍在进行。除了检查各书提要内涉及撤毁书籍与作者的文字是否已经全部删除外，纪昀等人又对《四库全书总目》的分类、编次、内容等作了最后一次审定。乾隆五十九年（1794），浙江官员在地方士绅的襄助下，"恭发文澜阁藏本，校刊以惠士人"。约在乾隆六十年（1795）十月，这部以文澜阁所藏四库馆臣写本为底本的《四库全书总目》首次刊刻面世（此版本下文称"浙本"）。此时，纪昀等人对《四库全书总目》的校勘也终于"完竣"，"随加紧刊刻毕工"。同年十一月十六日，曹文埴向乾隆帝奏云：

---

① 中国第一历史档案馆编：《纂修四库全书档案》，乾隆五十二年三月十九日，第 1992 页。

② 中国第一历史档案馆编：《纂修四库全书档案》，乾隆五十二年五月十九日，第 2005 页。

"（《四库全书总目》）谨刷印装潢陈设书二十部、备赏书八十部，每部计十六函，共一千六百函，恭呈御览。"① 至此，武英殿本《四库全书总目》终于在历经多次磨勘、修改乃至增补撤毁之后，也正式刊刻成书（此版本下文称"殿本"）。

第三节　《四库全书总目》的体例

《四库全书总目》是中国古典目录书中现存篇帙最大的一部。它吸收了中国古典目录学的优秀成果，而达到一个新的高峰。《四库全书总目》共二百卷。卷首依次为圣谕、表文、职名、凡例。正文部分按照经、史、子、集四部分类，四部之下又分小类，小类之下再分子目，计四部四十四类六十六子目。每一部类前有总叙，小类前有小序，子目的后面则多有案语。每一小类的后面，还附有本类"存目"。"存目"中的书籍，被认为价值不高、不符合收书标准而不予收入《四库全书》。

一、圣谕

《四库全书总目》的卷首首载乾隆帝有关编纂《四库全书》的各种谕旨。乾隆四十六年（1781）二月十三日《四库全书总目》初稿进呈后，乾隆帝称："所有历次所降谕旨，列之《总目》首卷以当序，事属可行。且官撰诸书，亦有以谕旨代弁言者，自不得不如此办理。"② 对这一体例表示认同。

---

① 中国第一历史档案馆编：《纂修四库全书档案》，乾隆六十年十一月十六日，第 2374 页。

② 中国第一历史档案馆编：《纂修四库全书档案》，乾隆四十六年二月十三日，第 1290 页。

《四库全书总目》卷首的圣谕的确具有序言的作用。有关此书的缘起、主旨、体例、范围等，在圣谕中无不有所体现。从圣谕中，可以看出乾隆帝编撰《四库全书总目》的指导思想，还可以简单地梳理出此书的写作经过。因此，卷首圣谕为研究《四库全书总目》及《四库全书》留下了珍贵的文献史料。

二、表文

《四库全书总目》卷首第二部分为《表文》（在浙本《总目》门目中名为《表文》，在殿本《总目》门目中名为《进表》），后人一般把它称为《奏进四库全书表文》或《钦定四库全书告成恭进表》。表文的起首语为"多罗质郡王臣永瑢等奉敕编纂四库全书告成谨奉表上进者"，落款时间是乾隆四十七年（1782）七月，落款人有皇六子多罗质郡王永瑢、皇八子多罗仪郡王永璇、皇十一子永瑆、大学士阿桂、大学士嵇璜、领侍卫内大臣尚书公福隆安、领侍卫内大臣尚书和珅、尚书梁国治、侍郎金简、侍郎董诰、侍郎曹文埴。

"表"是中国古代臣子向帝王上书言事的一种特殊文体。《四库全书总目》卷首《表文》有四千三百多字，辞藻华丽，用典丰富，以骈文形式对全书作了概要说明。文中大量使用了乾隆帝的题咏，体现了四库馆臣的一片苦心。据说乾隆帝看了表文说："表必出纪昀手！"司马朝军教授认为，纪昀所撰《进表》以当时人述当时事，虽有溢美之嫌，但其可信度非常高，具有较高的史料价值①。

---

① 司马朝军：《〈四库全书总目〉研究》，北京：社会科学文献出版社，2004年，第113页。

三、职名

《四库全书总目》卷首第三部分为《职名》，殿本中全称《钦定四库全书勘阅缮校诸臣职名》，浙本中全称《乾隆四十七年七月十九日奉旨开列办理四库全书在事诸臣职名》，一般简称为"职名表"。据浙本《总目》统计，职名表内列有：正总裁16人，副总裁10人，总阅官15人，总纂官3人，总校官1人，翰林院提调官22人，武英殿提调官9人，总目协勘官7人，校勘《永乐大典》纂修兼分校官39人，校办各省送到遗书纂修官6人，黄签考证纂修官2人，天文算学纂修兼分校官3人，缮书处总校官4人，缮书处分校官179人，篆隶分校官2人，绘图分校官1人，督催官3人，翰林院收掌官20人，缮书处收掌官3人，武英殿收掌官14人，监造官3人，共计362个人名。除去两个因兼职而重复者，实际罗列了360位四库馆臣。这个数目就是人们通常所说的四库馆总人数。

而根据殿本职名表记载，在职馆臣有370人。其中，浙本有而殿本无者1人，浙本无而殿本有者11人。综合之，共有371人。但是，这个数目并不是四库馆臣的总人数。由于有些修撰人员中途离去或任职时间较短等，并未能被收录于乾隆四十七年的这份名单之中。据较新的研究统计，四库馆臣约有476人[①]，但这同样不是最终的完整数目。

《四库全书总目》作者众多，除了作者，还有众多为之服务的工作人员。卷首详列《职名》，有为他们记名表功之意，这与现代大型丛书往往把编委会的所有成员列于书前是一个道理。

四、凡例

所谓"凡例"，《中国百科大辞典》解释为"书前关于著作内容和编

---

① 张升：《四库全书馆研究》，北京：北京师范大学出版社，2012年，第122页。

纂体例的说明文字"。一部书的凡例，是图书编撰者在写作过程中共同遵循的原则和规范，亦是图书编撰方法的运用和体现，起着统筹全书的纲领性作用。对于读者而言，凡例具有指导阅读的作用，它提示了一些应该注意的地方。通过凡例，可以快速把握书籍的内容与特点。

《四库全书总目》卷首《凡例》共有二十则，它对《总目》的收书标准、著录体制和编排体例等进行了总体说明，为读者了解《总目》的编撰原则与指导思想提供了直接资料。《凡例》在介绍《总目》体例的同时，也对中国古代学术、尤其是目录学传统进行了一些简要评价，颇具学术见解。研究《总目》，《凡例》是不可绕过的一页。

五、总叙与小序

《四库全书总目》分为经、史、子、集四大部类，每部之前各有一总叙，也称部叙。总叙的主旨是叙述该部的学术源流，说明该部的派衍分类，即"撮述其源流正变，以挈纲领"。四大部类之下又各分小类，全书共有四十四个小类。每个小类之前各有一小序，也称类序。它的作用与总叙一样，"详述其分并改隶，以析条目"，只是涵盖范围稍小，并更为具体。

《四库全书总目》中的四十四篇小序与四篇总叙，是全书的精华部分。近代目录学家余嘉锡说："《四库提要》之总叙、小序，考证论辨，可谓精矣。近儒论学术源流者，多折衷于此，初学莫不奉为津逮焉。其佳处读其书可以知之，无烦赞颂，篇章甚繁，亦无从摘录。大抵经部最精，实能言学术升降之所以然，于汉、宋门户分析亦详。"[1]已故著名学者张舜徽先生在上世纪40年代为兰州大学文科生讲授"国学概论"课时，即取《总目》中的四十八篇序文为教学内容。他的讲义，即后来出版的《四库提要

---

① 余嘉锡：《目录学发微》，成都：巴蜀书社，1991年，第 67 页。

叙讲疏》一书,对四十八篇序文作了深入细致的申发阐释。张舜徽先生把这四十八篇序文称作治学"门径中之门径",认为如果能熟习而详绎之,"则于群经传注之流别,诸史体例之异同,子集之支分派衍,释道之演变原委,悉了然于心,于是博治载籍,自不迷于趣向矣"①。

六、提要

提要即内容提要,在中国古代又称叙录、解题。提要一般用简明扼要的文字介绍作者生平,叙述文献中心内容,评论著作得失、版本优劣,有时还指出阅读方法。提要是《四库全书总目》的主体部分。《四库全书总目·凡例》云:"今于所列诸书,各撰为提要,分之则散弁诸编,合之则共为《总目》。"故《四库全书总目》又被称为《四库全书总目提要》,因为它本身就是一部提要汇编。据浙本统计,《四库全书总目》共著录书籍 3461 种,79309 卷,存目 6793 种,93551 卷。也就是说,四库馆臣为 10254 种书籍写出了提要。这个数目,基本囊括了清乾隆以前的重要典籍文献,尤其是对元代以前的书籍收录更为完备。因此,《四库全书总目》至今仍是了解中国古籍的重要工具书。

《四库全书总目》的提要,"先列作者之爵里,以论世知人,次考本书之得失,权众说之异同,以及文字增删,篇帙分合,皆详为订辨,巨细不遗。而人品学术之醇疵,国纪朝章之法戒,亦未尝不各昭彰瘅,用著劝惩。其体例悉承圣断,亦古来之所未有也。"②具体而言,即对每书首先著录其书名、卷数、版本,然后介绍作者与其籍贯,重点是叙述"书之始末源流",有疑问处则加以辨析考证,并间以得失评论。余嘉锡高度评价提要的学术价

---

① 张舜徽:《四库提要叙讲疏·自序》,台北:学生书局,2002 年,第 1 页。
② 中国第一历史档案馆编:《纂修四库全书档案》,附录二,第 2716 页。

值说："今《四库提要》叙作者之爵里，详典籍之源流，别白是非，旁通曲证，使瑕瑜不掩，淄渑以别，持比向、歆，殆无多让。至于剖析条流，斟酌今古，辨章学术，高挹群言，尤非王尧臣、晁公武等所能望其项背。"[①]

七、案语

案语也是《四库全书总目》体例组成的一个重要部分。从数量上看，《四库全书总目》的四十四个小类中，十二个后面有案语，总计二十一条；六十六个子目中，四十二个后面有案语，总计四十四条；此外，还有六十二条提要后案语。从内容上来看，小类案语论收书标准，子目案语辨子目名称、异同、与小类的关系，而提要案语考证书的内容、体例和类属变迁，解释无类可归书籍的处理方案等。

《四库全书总目·凡例》云："如其义有未尽，例有未该，则或于子目之末，或于本条之下附注案语，以明通变之由。"可见，案语在小序、提要之后，具有补充收尾的作用，它与总叙、小序一起，构成《四库全书总目》的完备体例。

第四节　《四库全书总目》的分类

对目录书来说，图书分类是一件非常重要的事情。而这种分类，其实质是一种知识分类。知识分类理论将知识分类的普遍意义概括为五个方面：1. 每次知识分类都有助于提升知识的质量；2. 有助于知识的秩序化管理；3. 有助于知识的选择与传递；4. 有助于满足社会对知识的专业化、系统化、

---

① 余嘉锡：《四库提要辨证·序录》，北京：中华书局，1980年，第48页。

规范化与结构化等项要求；5. 有助于探求知识发展的一般规律，从而为知识创新创造条件。中国古代的目录学家，对于知识分类虽然不可能有现代知识分类的理论自觉，但是，他们已经清醒地认识到，面对"浩繁卷帙"的典籍，"为学者不能遍览，常为其多所苦"，有如"孤舟泳海，弱羽凭天，衔石填溟，倚杖逐日"。而书目对书籍加以分类，可以引导学子"即类求书，因书究学"，"学术自明"。而所谓的"即类求书，因书究学"，"学术自明"，就是对知识进行秩序化管理，满足作者对"知识的专业化、系统化、规范化与结构化等项要求"，有助于知识的选择与传递；有助于提升知识的质量。

《四库全书总目》著录书籍一万多种，涵盖中国古代知识世界。如何在吸取中国古代目录学的分类经验上，完成对中国古代典籍更为完善的知识分类，是四库馆臣殚精竭虑思考的问题。

《四库全书总目》首先按照经、史、子、集四部分类。这是《隋书·经籍志》以来的传统。初，西汉时期的刘向、刘歆父子校理宫廷藏书，根据书籍的内容及其学术性质，把当时的图书分为六艺、诸子、诗赋、兵书、术数、方技六大类，开创了中国目录学史上图书系统分类之先河。魏晋南北朝时期，各种书籍的大量涌现，对刘歆《七略》六分法的图书分类体例提出了新的要求。西晋秘书监荀勖的《中经新簿》根据郑默的《中经》将六略改为四部，甲部录经书，乙部录子书，丙部录史书，丁部录集书，开创了中国古代群书目录中的四部分类法。东晋李充编《晋元帝书目》，进一步将史书改入乙部，子书改入丙部，经、史、子、集的四部次序始定。到了唐代初年，官修《隋书·经籍志》总结了从《七略》到《七录》的分类发展史，直接以经、史、子、集代替了甲、乙、丙、丁的称号，由此确立了以经、史、子、集为部称的四部在图书分类体系中的主导地位。

《隋书·经籍志》以后，四部分类法成为中国古典目录分类法的主流，"凡言目录者，莫不以《隋书·经籍志》为四部目录不祧之祖"①。唐以后，无论史志、官簿、私人藏书目录都沿用了这一分类法，如《唐书·经籍志》《新唐书·艺文志》《宋史·艺文志》《明史·艺文志》等。《四库全书总目》沿用了《隋书·经籍志》所形成的四部分类法，"经部"主要收录儒家经典，"史部"收录各种体裁的历史著作，"子部"收录诸子百家之书，"集部"收录历代诗文集等。四部之下，又分四十四类。其中，经部分十类，史部分十五类，子部分十四类，集部分五类。

关于经部的分类，《四库全书总目·经部总叙》云："盖经者非他，即天下之公理而已。今参稽众说，务取持平，各明去取之故，分为十类：曰易、曰书、曰诗、曰礼、曰春秋、曰孝经、曰五经总义、曰四书、曰乐、曰小学。"这十类，以儒家经典"五经""四书"为基本框架，另加"孝经""乐"类，辅以作为经学入门工具的"小学"类。儒家经典，最初为"六经"，后《乐》亡而余"五经"，至唐朝增为"九经""十二经"，至南宋最多发展到"十三经"。自汉代以来，围绕儒家经典而产生的各类成果层出不穷，发展成为中国古代最有地位的经学，《四库全书总目》经部即是这些成果的分类汇总。

关于史部的分类，《四库全书总目·史部总叙》云："今总括群书，分十五类：首曰正史，大纲也；次曰编年，曰别史，曰杂史，曰诏令奏议，曰传记，曰史钞，曰载记，皆参考纪传者也；曰时令，曰地理，曰职官，

---

① 许世瑛：《中国目录学史》，台北："中国文化大学"出版部，1982年新1版，第51页。

曰政书，曰目录，皆参考诸志者也；曰史评，参考论赞者也。"以上所云，只有十四类。参考《总目》之门目，在"编年"与"别史"之间，还有"纪事本末"类。史部之下的这十五类，很明显是按照书籍的体裁来划分的。

子部的范围较广，《四库全书总目·子部总叙》云："自六经以外立说者，皆子书也。……可以自为部分者，儒家以外有兵家，有法家，有农家，有医家，有天文算法，有术数，有艺术，有谱录，有杂家，有类书，有小说家，其别教则有释家，有道家，叙而次之，凡十四类。"子部的内容非常庞杂，但其分类排序却有一定的内在逻辑。儒家排最前，是因为"儒家，尚矣"，在诸家之中地位最为尊崇，所以排第一。有文事则有武备，兵家次之，排第二。法家、农家、医家、天文算法，与前两者一样"皆治世者所有事也"，故依次类之。术数、艺术，"皆小道之可观者也"。谱录、杂家、类书、小说家，"皆旁资参考者也"。释家、道家，"外学也"。能看得出，子部各类的次序是以其对于经邦济世之重要性来安排的。纪昀曾经在《〈济众新编〉序》中说："余校录《四库全书》，子部凡分十四家。儒家第一，兵家第二，法家第三，所谓礼乐兵刑，国之大柄也。农家、医家，旧史多退之于末简，余独以农家居四，而其五为医家。农者，民命之所关；医虽一技，亦民命之所关，故升诸他艺术上也。"[①]这则材料，既体现出纪昀在《四库全书》分类中的作用，也可得见纪昀在子部文献分类上的指导思想。

集部的分类比较简单，只有五类：楚辞、别集、总集、诗文评、词曲。《四库全书总目·集部总叙》云："集部之目，楚辞最古，别集次之，总集次之，诗文评又晚出，词曲则其闰余也。"它们的次序，是按照其出现

---

① （清）纪昀：《〈济众新编〉序》，《纪晓岚文集》第1册，石家庄：河北教育出版社，1995年，第179页。

的历史先后排列的。

《四库全书总目》四部的四十四类之下，又细分有子目。但并不是所有的门类下都分有子目，只有那些"流派至为繁夥，端绪易至茫如"的门类，才有这些子目的设置。

经部中，"礼"类下分六个子目：周礼、仪礼、礼记、三礼总义、通礼、杂礼书；"小学"类下分三个子目：训诂、字书、韵书。

史部中，"诏令奏议"类下分两个子目：诏令、奏议；"传记"类下分五个子目：圣贤、名人、总录、杂录、别录；"地理"类下分十个子目：宫殿疏（此子目并未在《总目》书前的"门目"中显示出来）、总志、都会郡县、河渠、边防、山川、古迹、杂记、游记、外纪；"职官"类下分两个子目：官制、官箴；"政书"类下分六个子目：通制、典礼、邦计、军政、法令、考工；"目录"类下分两个子目：经籍、金石。

子部中，"天文算法"类下分两个子目：推步、算书；"术数"类下分七个子目：数学、占候、相宅相墓、占卜、命书相书、阴阳五行、杂技术；"艺术"下分四个子目：书画、琴谱、篆刻、杂技；"谱录"类下分三个子目：器物、食谱、草木鸟兽虫鱼；"杂家"类下分六个子目：杂学、杂考、杂说、杂品、杂纂、杂编；"小说"类下分三个子目：杂事、异闻、琐语。

集部中，"词曲"类下分五个子目：词集、词选、词话、词谱词韵、南北曲。

子目的分类与排序也不是随意的，而是经过了总纂官的深思熟虑，有其深刻的用意。比如史部"地理"类下设有十个子目，《总目·史部·地理类叙》云："其编类，首宫殿疏，尊宸居也；次总志，大一统也；次都会郡县，辨方域也；次河防，次边防，崇实用也；次山川，次古迹，次杂记，次游记，备考核也；次外纪，广见闻也。"以其类别的地位尊卑、实用性等来安排各子目的先后次序。

总之，《四库全书总目》继承了中国古代的四部分类体系，而又把它提高到了一个新的水平，使之更趋完备，成为四部分类法的集大成者。《四库全书总目》以三级类目统属，体例完备，分类明晰，让一万多条图书提要绳贯珠联、纲举目张，结合成为一个有机的整体。直到今天，《四库全书总目》仍然是中国目录书中无与伦比、难以超越的典范之作，仍为治学者通往中国古代典籍和学术的重要桥梁。

《四库全书总目》四部分类体系表

部	类	子目
	易	
	书	
	诗	
经部	礼	周礼
		仪礼
		礼记
		三礼总义
		通礼
		杂礼书
	春秋	
	孝经	
	五经总义	
	四书	
	乐	
	小学	训诂
		字书
		韵书

史部	正史	
	编年	
	纪事本末	
	别史	
	杂史	
	诏令奏议	诏令
		奏议
	传记	圣贤
		名人
		总录
		杂录
		别录
	史钞	
	载记	
	时令	
	地理	宫殿疏
		总志
		都会郡县
		河渠
		边防
		山川
		古迹
		杂记
		游记
		外纪
	职官	官制
		官箴
	政书	通制
		典礼
		邦计
		军政
		法令
		考工
	目录	经籍
		金石
	史评	

子部	儒家	
	兵家	
	法家	
	农家	
	医家	
	天文算法	推步
		算书
	术数	数学
		占候
		相宅相墓
		占卜
		命书相书
		阴阳五行
		杂技术
	艺术	书画
		琴谱
		篆刻
		杂技
	谱录	器物
		食谱
		草木鸟兽虫鱼
	杂家	杂学
		杂考
		杂说
		杂品
		杂纂
		杂编
	类书	
	小说	杂事
		异闻
		琐语
	释家	
	道家	

		楚辞	
集部		别集	
		总集	
		诗文评	
	词曲		词集
			词选
			词话
			词谱词韵
			南北曲

第二章　《四库全书总目》的编撰官

第一节　《四库全书总目》的分纂官

分纂官也就是纂修官，对于《四库全书》来说他们是纂修官，对于《总目》来说他们是分纂官。但二者并不能画上等号，只有参与过分纂提要稿撰写工作的纂修官，我们才能称他们为分纂官。

在《四库全书总目》的编纂中，分纂官是第一经手人，他们的工作是基础性的。各地采进书籍以及内府藏书、《永乐大典》佚书，都要首先经过分纂官过目。他们抄序目、签禁毁、撰提要初稿，"先列作者之爵里以论世知人，次考本书之得失，权众说之异同，以及文字增删，篇帙分合，皆详为订辨，巨细不遗"[1]，同时提出应刊、应抄、应存、毋庸存目等不同的处理意见。

分纂官大多是来自不同领域的专家学者，四库馆分派任务时，比较注意发挥他们的学术专长。如校办《永乐大典》的邵晋涵，在史学方面造诣尤厚，因此正史各书提要多出其手。这样分工，能够保证分纂提要稿的学术质量。

那么，究竟有哪些人参与了《四库全书总目》提要稿的起草工作，这

---

① 中国第一历史档案馆编：《纂修四库全书档案》，附录二，第 2716 页。

个数目至今仍不甚清晰。有关研究发现，除了那些负责后勤保障的督催官、收掌官、监造官，四库馆中的纂修官绝大多数都可能参与了提要起草。根据北京师范大学张升教授的研究，已知姓名的纂修官有 88 人 [①]，他们是：刘校之、刘跃云、陈昌图、励守谦、蓝应元、邹玉藻、王嘉曾、庄承篯、吴寿昌、刘渭、吴典、黄轩、王增、王尔烈、闵思诚、陈昌齐、孙辰东、俞大猷、平恕、李尧栋、邹炳泰、庄通敏、黄寿龄、余集、邵晋涵、周永年、戴震、杨昌霖、莫瞻箓、王坦修、范衷、许兆椿、于鼎、王春煦、吴鼎雯、吴省兰、汪如洋、陈万青、祝坤、邹奕孝、郑际唐、左周、姚鼐、翁方纲、朱筠、郭长发、陈际新、倪廷梅、刘亨地、萧芝、姚颐、黄良栋、陈初哲、林树藩、谷际岐、蔡廷举、刘权之、王燕绪、金蓉、黄瀛元、朱诺、程晋芳、任大椿、汪如藻、季学锦、秦泉、彭元珫、沈孙琏、王汝嘉、徐步云、张羲年、周厚辕、周兴岱、彭绍观、查莹、徐天柱、韦谦恒、纪昀、张家驹、黎溢海、梁上国、卢遂、陈国玺、陈科銲、李镕、朱绂、苏青鳌、潘曾起。

当然，四库馆的纂修官并不止此 88 人。因为纂修《四库全书》是一项长期工作，期间多有人员流动、职务变迁，有些纂修官并未能够留下姓名。

以上 88 名纂修官，并非皆是《四库全书总目》提要稿的起草者。根据武英殿聚珍版本提要注明的分纂官姓名以及其他资料，可以确知有以下 38 人参与了《四库全书总目》提要的起草工作：程晋芳、季学锦、刘权之、秦泉、任大椿、彭元珫、沈孙琏、汪如藻、徐步云、张羲年、周厚辕、周兴岱、彭绍观、查莹、徐天柱、王汝嘉、励守谦、庄承篯、闵思诚、邵晋涵、余集、戴震、杨昌霖、黄轩、陈昌齐、陈昌图、平恕、吴寿昌、王嘉曾、黄寿龄、邹炳泰、陈初哲、翁方纲、邹奕孝、郑际唐、姚鼐、周永年、

---

① 张升：《四库全书馆研究》，第 127—128 页。

庄通敏。他们在四库馆中的任职情况如下表：

人名	任职情况	出处
程晋芳	协勘总目官。曾任纂修官。乾隆四十九年去世。	浙本职名表。《清史列传》卷七十二。
季学锦	缮书处分校官。曾任四库馆纂修官。曾任荟要处分校、总（复）校。	浙本职名表。《荟要》职名表。
刘权之	协勘总目官。兼办《总目》与《简明目录》。乾隆三十八年曾任纂修官（应为大典本纂修兼分校官）。乾隆四十二年任安徽学政。	浙本职名表。《纂修四库全书档案》第1640页。
秦泉	大典本纂修官、分校官。乾隆四十六年十一月前丁忧离馆。	《纂修四库全书档案》第1160、1442页。
任大椿	协勘总目官。曾任纂修官。	浙本职名表。《梧门先生年谱》。
彭元珫	乾隆四十五年充武英殿提调官。曾任四库馆分校官、纂修官（应为大典本纂修官）。曾任聚珍本校对官。	浙本职名表。《纂修四库全书档案》第1254、1850页。
沈孙琏	缮书处分校官。曾任四库馆纂修官（四库处协修。应为大典本纂修官）。	浙本职名表。
汪如藻	协勘总目官。曾任翰林院四库馆提调、纂修官（应为大典本纂修官）。	浙本职名表。
徐步云	缮书处分校官。曾任大典本纂修官。	浙本职名表。
张羲年	协勘总目官。曾入浙江书局办理浙江采进遗书。乾隆三十九年十月入馆。曾任大典本纂修官。	浙本职名表。《纂修四库全书档案》第276、812页。
周厚辕	大典本纂修官、分校官。曾任荟要处分校。	《荟要》职名表。《纂修四库全书档案》第812、1793页。
周兴岱	乾隆四十七年任武英殿提调官。曾任四库馆纂修官。曾任大典本纂修官兼分校官。曾任复校、聚珍本校对官。	浙本职名表。《纂修四库全书档案》第1850页。
彭绍观	武英殿提调官。曾任四库馆纂修官。曾任聚珍处总校官、校对官。	浙本职名表。
查莹	武英殿提调官。曾任四库馆纂修官。曾任荟要处提调、复校。	浙本职名表。《荟要》职名表。
徐天柱	大典本纂修官。	《纂修四库全书档案》第2274页。
王汝嘉	缮书处分校官。曾任四库馆纂修官（应为大典本纂修官）。	浙本职名表。

励守谦	校勘《永乐大典》纂修兼分校官。乾隆四十年九月，自备资斧在四库处纂修上行走。	浙本职名表。《纂修四库全书档案》第 425 页。《清高宗实录》卷九百七十二。
庄承篯	校勘《永乐大典》纂修兼分校官。	浙本职名表。
闵思诚	校勘《永乐大典》纂修兼分校官。	浙本职名表。
邵晋涵	校勘《永乐大典》纂修兼分校官。曾任复校官。	浙本职名表。《纂修四库全书档案》第 1382 页。
余集	校勘《永乐大典》纂修兼分校官。兼三通馆纂修。	浙本职名表。
戴震	校勘《永乐大典》纂修兼分校官。乾隆四十二年去世。	浙本职名表。
杨昌霖	校勘《永乐大典》纂修兼分校官。	浙本职名表。
黄轩	校勘《永乐大典》纂修兼分校官。	浙本职名表。
陈昌齐	校勘《永乐大典》纂修兼分校官。	浙本职名表。
陈昌图	校勘《永乐大典》纂修兼分校官。	浙本职名表。
平恕	校勘《永乐大典》纂修兼分校官。曾任复校官。对音官。	浙本职名表。《纂修四库全书档案》第 1382 页。
吴寿昌	校勘《永乐大典》纂修兼分校官。	浙本职名表。
王嘉曾	校勘《永乐大典》纂修兼分校官。兼方略馆纂修。乾隆四十七年四月前病故。	浙本职名表。
黄寿龄	校勘《永乐大典》纂修兼分校官。对音官。	浙本职名表。
邹炳泰	校勘《永乐大典》纂修兼分校官。曾任复校官。	浙本职名表。《纂修四库全书档案》第 1382 页。
陈初哲	曾任分校官。曾任荟要处分校。对音官。	殿本职名表。《纂修四库全书档案》第 1596 页。《荟要》职名表。
翁方纲	校办各省送到遗书纂修官。	浙本职名表。
邹奕孝	校办各省送到遗书纂修官。	浙本职名表。
郑际唐	校办各省送到遗书纂修官。	浙本职名表。
姚鼐	校办各省送到遗书纂修官。	浙本职名表。
周永年	校勘《永乐大典》纂修兼分校官。	浙本职名表。
庄通敏	校勘《永乐大典》纂修兼分校官。曾任复校官。	浙本职名表。《纂修四库全书档案》第 729、1382 页。

（上表摘录于张升《四库全书馆研究》中的《四库馆馆臣表》）

由于各种原因，分纂官所撰写的原始提要稿大多没有被保存下来，能够幸运留存至今的只是其中极少一部分。2006 年 10 月，北京图书馆出版社影印出版了《〈四库全书〉提要稿辑存》（全五册，张升编），内收《浙江采集遗书总录》《江苏采辑遗书目录》、姚鼐提要稿、余集提要稿、翁方纲提要稿、陈昌图提要稿以及其他散见提要稿等。同一月份，上海书店出版社出版了吴格、乐怡标校的《四库提要分纂稿》，此书收录的分纂提要稿计有：翁方纲 982 篇，姚鼐 89 篇，邵晋涵 37 篇，陈昌图 12 篇，余集 7 篇，邹奕孝 1 篇，郑际唐 1 篇，程晋芳 1 篇，庄通敏 1 篇，佚名 6 篇。共计 1137 篇。近年，又有学者从《噉蔗全集》中发现了张羲年的 3 篇分纂提要稿①。遗存于世的这些分纂提要稿以其珍贵的文献价值，成为今人研究分纂提要稿的主要资料。

四库馆中的分纂官，生平资料较为详细、可予介绍者有如下诸位：

一、翁方纲

翁方纲（1733—1818），字正三，号覃溪，顺天大兴（今属北京市）人。乾隆十七年（1752）进士，官至内阁学士。清代著名学者、书法家、文学家、金石学家，清代"肌理说"诗论的首倡者。一生著述颇丰，有《复初斋诗文集》《石洲诗话》《苏诗补注》《粤东金石略》《苏米斋兰亭考》《经义考补正》等。翁方纲自编有《翁氏家事略记》一卷，记载了他参与纂修《四库全书》的若干事情。

据《翁氏家事略记》记载："乾隆三十八年癸巳三月，大学士刘公统勋等奏：'原任学士降调候补之翁方纲，留心典籍，见闻颇广，请充补四

---

① 司马朝军：《最新发现的张羲年纂四库提要稿》，《图书与情报》2008 年第 5 期，第 124—127 页。又见张梅秀、常志红：《新见三篇张羲年〈四库全书总目提要〉分纂稿》，《晋图学刊》2011 年第 5 期，第 76—79 页。

库全书纂修官。'奉旨依议。三月十八日入院修书。九月二十五日奉旨：'翁方纲学问尚优，且曾任学士，著加恩授为翰林院编修。'十月初三到编修任，移居烂面胡同。"可以看出，翁方纲进入四库馆的时间较早，且较被器重。从乾隆三十八年（1773）三月入馆修书到乾隆四十六年（1781）三月离馆，翁方纲在四库馆里前后工作了整整八年。

翁方纲在四库馆中负责哪些工作呢？"四十二年丁酉，时方纲承修《四库全书》，又承修《明纪纲目》，又承修《音韵述微》，又承修《续通志》，又兼武英殿缮写处覆校，是冬（按：乾隆四十一年丙申）辞武英殿分校覆校事，仍在《四库全书》馆专办金石、篆隶、音韵诸书。……四十三年戊戌，《四库全书》五年期满，分等议叙，方纲列上等，奉旨加一级。五月，充殿试弥封官。"①翁方纲主要负责采进书及内府本的办理，中间一度在武英殿从事校书工作。

翁方纲对自己在四库馆的日常工作情况作过描述："自癸巳春入院修书，时于翰林院署开《四库全书》馆，以内府所藏书发出到院，及各省所进民间藏书，又院中旧贮《永乐大典》内，日有摘抄成卷、汇编成部之书，合三处书籍分员校勘。每日清晨入院，院设大官厨，供给桌饭。午后归寓，以是日所校阅某书，应考某处，在宝善亭与同修程鱼门晋芳、姚姬传鼐、任幼植大椿诸人对案，详举所知，各开应考证之书目。是午携至琉璃厂书肆访查之，是时江浙书贾亦皆踊跃，遍征善本足资考订者，悉聚于五柳居、文粹堂诸坊舍，每日检有应用者，辄载满车以归家中。请陆镇堂司其事。凡有足资考订者，价不甚昂即留买之；力不能留者，或急写其需查数条，

---

① （清）翁方纲：《翁氏家事略记》，《儒藏·史部》，《儒林年谱》第 41 册，成都：四川大学出版社，2007 年，第 354—355 页。又见王欣夫：《蛾术轩箧存善本书录》，上海：上海古籍出版社，2002 年，第 526 页。（按：王欣夫书中无"是冬"之前语句）

或暂借留数日，或又雇人抄写，以是日有所得。"①

翁方纲在四库馆时间较长，又工作勤奋，所以属于纂修官中办书较多的一位。现存翁方纲校阅各省采进图书时所撰劄记与提要稿，多达1150篇，被收入吴格教授整理的《四库提要分纂稿》一书中的有982篇，计：经部183篇，史部209篇，子部177篇，集部413篇。其中被《四库全书总目》采用者约有854种（当然又经过不同程度的改动）。可见翁方纲对《四库全书总目》贡献殊巨。

翁方纲是现存分纂提要稿最多的四库馆纂修官。翁方纲留下的分纂提要稿，过去一直没有刊印，历经辗转，被藏于澳门中央图书馆。2000年澳门中央图书馆将其影印出版。2005年又由复旦大学吴格教授整理出版了标点排印本，即《翁方纲纂四库提要稿》。它为研究《总目》提要与分纂提要的异同以及《总目》提要的形成过程等，提供了极大的便利。

二、姚鼐

姚鼐（1731—1815），字姬传，一字梦谷，安徽桐城人，清代桐城派散文的集大成者。乾隆二十八年（1763）进士，官刑部郎中，记名御史。因室名惜抱轩，故世称惜抱先生、姚惜抱。著作有《惜抱轩全集》等，曾编选《古文辞类纂》《五七言今体诗抄》。

乾隆三十八年（1773），诏开四库馆，姚鼐被推荐入馆，为最早进入四库馆的纂修官之一，亦是非翰林出身的八位纂修官之一。但他在馆不到两年，即于乾隆三十九年（1774）冬辞官乞养南归。关于姚鼐离馆的原因，说法最多的就是他与四库馆的主流学术理念格格不入。翁方纲与姚鼐的感

---

① （清）翁方纲：《翁氏家事略记》，《儒藏·史部》，《儒林年谱》第41册，第353页。

情比较接近，据姚鼐从孙姚莹为其所撰行状所说，当时四库馆内，"纂修者竞尚新奇，厌薄宋、元以来儒者，以为空疏，掊击讪笑之不遗余力，先生往复辨论，诸公虽无以难，而莫能助也。将归，大兴翁覃溪学士为叙送之，亦知先生不再出矣"①。叶昌炽在《缘督庐日记》中亦称："乾隆中开四库馆，姚惜抱鼐与校书之列，其拟进书题，以今《提要》勒之，十但采用二三。惜抱学术与文达（纪昀）不同，宜其枘凿也。"②姚鼐尊宋学，长于说理议论，略于考证。而当时的四库馆，汉学一派占主流，俨然成为汉学家的大本营，双方因观念扞格不入而冲突自是必然。近人胡思敬云："乾隆四库馆纂修之役，纪文达实总其成，排斥宋儒，以伸一己之见，同流辈多不然其言，姚姬传诋之尤力。"③寡不敌众的情势下，姚鼐愤而辞官，似在情理之中。

姚鼐所撰分纂提要稿，曾以《惜抱轩书录》刊行，四卷，经录12首，史录18首，子录24首，集录34首，共收提要88篇。1999年，山东大学杜泽逊教授又在上海图书馆发现明代刻本《经籍异同》一书卷端有姚鼐所撰提要稿一篇④。据考证，姚鼐所撰提要稿被收入《总目》后改动较大，有的篇目甚至被改得面目全非，还有一些未被采用。

三、邵晋涵

邵晋涵（1743—1796），字与桐，又字二云，号南江，浙江余姚人。清代著名学者、史志目录学家、藏书家。乾隆三十六年（1771）进士，曾

① （清）姚莹：《朝议大夫刑部郎中加四品衔从祖惜抱先生行状》，《东溟文集》卷六，《清代诗文集汇编》第549册，上海：上海古籍出版社，2010年，第373上页。

② 叶昌炽：《缘督庐日记》卷四，南京：江苏古籍出版社，2002年。

③ 胡思敬：《跋翁苏斋手纂四库全书提要稿本》，《退庐全集》文集卷六，《中国近代史料丛刊》第四十五辑，台北：文海出版社，1970年，第339页。

④ 杜泽逊：《读新见姚鼐一篇四库提要拟稿》，《中国典籍与文化》，1999年第3期，第42—44页。

任翰林院侍讲学士，日讲起居注官，兼文渊阁直阁事。历充咸安宫总裁，《万寿盛典》《八旗通志》、国史馆、三通馆、四库馆纂修官。著作有《尔雅正义》《旧五代史考异》《南江诗文钞》《南江札记》等。

邵晋涵是四库馆"五征君"之一。所谓"五征君"，据《清史稿·选举志四》载："（乾隆）三十八年，诏开四库馆。延置儒臣，以翰林官纂辑不敷，大学士刘统勋荐进士邵晋涵、周永年，尚书裘曰修荐进士余集、举人戴震，尚书王际华荐举人杨昌霖，同典秘籍。后皆改入翰林，时称'五征君'。此其著者也。"①

邵晋涵博闻强记，涉猎百家，长于经史之学，而尤以史学名世。史学家黄云眉称："盖浙东儒哲，讲性命者多攻史学……先生自其家传乡习，闻见迥异于人；既入馆，肆窥中秘，遂如海源川汇，不可津涯。"② 据说在四库馆时，总裁官向邵晋涵咨询历史掌故问题，他能够准确无误地告诉对方问题在某书某册第几页中，而不失一字。负责《永乐大典》辑校工作时，他从《永乐大典》中辑佚出薛居正《旧五代史》，使这部亡佚百年的重要史籍得以重行于世，被公认为《大典》辑本中最好的一种。

邵晋涵对于《四库全书总目》的贡献，清代学者李慈铭有"史部属之邵南江"的说法③，阮元有"史学诸书多由先生订其略，其提要亦多出先生之手"的说法④，语或有夸大，但邵晋涵对于《总目》史部提要贡献卓

① 赵尔巽等：《清史稿》卷一百九，《选举志·荐擢条》，北京：中华书局，1977年，第3187页。

② 黄云眉：《邵二云先生年谱》，《史学杂稿订存》，济南：齐鲁书社，1980年，第29页。

③ （清）李慈铭：《越缦堂读书记》，上海：上海书店出版社，2000年，第556页。

④ （清）阮元：《南江邵氏遗书序》，《揅经室二集》卷七，北京：中华书局，1993年，第545页。

著则为不争的事实。邵晋涵所撰提要稿后被收入《南江书录》之中，共37篇。与《总目》提要比较发现，37篇提要稿收入经部3篇、史部27篇、子部1篇、集部4篇，另外还有2篇未收。很明显，邵晋涵所撰提要稿以史部为主。在《总目》提要中，二十四史的提要唯有《三国志》与《旧五代史》两种不见于《南江书录》。可见，正史提要基本上是由邵晋涵撰写。不仅如此，邵晋涵的分纂提要稿与《总目》提要相比，内容大致相同，只是《总目》提要在文字上作了一些润色修饰。这种状况，与姚鼐所撰提要稿的命运大不相同。究其原因，可能是邵晋涵与纪昀的学术观点一致，而邵晋涵所精通的史学又是纪昀所短的缘故。

四、余集

余集（1738—1823），字蓉裳，号秋室，浙江仁和（今杭州）人。清代画家、藏书家。乾隆三十一年（1766）进士，候选知县，累迁至侍读学士。博学多艺，工诗古文词，尤善画人物。生平吟咏甚富，尝著《百呐琴》一卷。殁后，龚丽正刊其《梁园归棹录》《忆漫庵剩稿》二册，诗词杂文皆载其中。

余集亦为四库馆"五征君"之一。其自撰《墓志铭》称："癸巳，朝廷征遗书，开四库馆，先师裘文达公荐于朝，入翰林。散馆擢第一，授职充四库、三通馆纂修。"①余集所作分纂提要稿被收入其《秋室学古录》中，共有7篇，均为经部诗类。《总目》提要与之相比，书名、解题部分都有所更改。

五、张羲年

张羲年（1733—1778），字淳初，号潜亭，浙江余姚人。乾隆三十年

①　（清）余集：《秋室居士自撰志铭》，翁方纲等《四库提要分纂稿》，上海：上海书店出版社，2006年，第539页。

（1765）拔贡，以教谕衔任于潜县训导。四库馆征书时，以学问淹博任职校勘，并进书五种。著有《噉蔗全集》诗文十六卷，末附《周官随笔》《丧礼详考》各一卷。

乾隆三十九年（1774），张羲年以教官考满，在分擢时，他主动要求进入四库馆效力，得到乾隆帝同意，赐国子监助教，俾充纂修，参与四库馆工作。乾隆四十二年（1777）应顺天乡试，中举人，次年会试落第。因积劳成疾，乾隆四十三年（1778）即去世，四库馆正总裁阿桂撰挽联云："特诏广搜罗，彤墀许展刘蕡策；奇才多著述，碧落催成李贺文。"①将他比作唐代的刘蕡、李贺，对其才能极尽赞赏。张羲年去世之后，乾隆以修书之功劳追赐他为进士。

张羲年作为入馆较早的总目协勘官之一，曾协助总纂官纪昀等勘定《总目》，参与《四库全书》的纂修及分校工作。对于《总目》，张羲年有多方面的贡献，如《总目》编纂体例之确定、提要的撰写与修改等。章学诚称张羲年："于四库馆行走八年，校勘书籍不下数百种，大约史、集两门序录签档，多出其手。"②在今天上海图书馆收藏的《总目》提要残稿中，有张羲年附纸重拟的《东南纪闻》《金管集》两篇提要稿，显示出张羲年也是《总目》提要的修改者。近年，又有人在《噉蔗全集》中发现了张羲年的《宋朝事实提要》《孙烛湖集提要》《庸庵集提要》三篇分纂提要稿，进一步扩大了四库分纂提要稿的研究范围。

六、程晋芳

程晋芳（1718—1784），字鱼门，号蕺园，江苏江都人，祖籍安徽歙县。

---

① 转引自朱炯：《〈四库全书〉与张羲年》，《宁波晚报》A21版，2013年05月28日。
② 转引自黄云眉：《邵二云先生年谱》，《史学杂稿订存》，第51页。

乾隆三十六年（1771）进士，历官吏部文选司主事、翰林院编修、武英殿分校官、会试同考官。程晋芳出身盐商世家，酷爱读书，"十三四即好求异书"。因好交友，不吝施与，却又不善理财，晚年潦倒。翁方纲所撰《翰林院编修程君晋芳墓志铭》称："君家素饶于财，自少至壮，积书三万余卷。中年已后家落，而书亦稍散失矣。"① 著述有《勉行堂文集》《勉行堂诗集》《诗毛郑异同考》等。

　　在四库馆中，程晋芳与翁方纲、姚鼐等人属于程朱理学的代表人物，翁方纲称他"独守程朱"，又说他"综览百家，出入贯串于汉宋诸儒之说，未始不以程朱为职志也"。与四库馆的学术主流不合。据研究，《总目》书类提要可能多出自程晋芳之手。但也可以想见，其提要稿最后可能会有较大修改。程晋芳所撰分纂提要稿现仅见《南夷书》提要一种，附于国家图书馆所藏明抄本《南夷书》之后，篇末注有"纂修程晋芳"，1999年被杜泽逊教授所发现②。这篇提要稿经总纂官修改后被置于《总目》"史部地理类存目七"。

　　程晋芳在四库馆中工作严谨。翁方纲在其《墓志铭》中说，《总目》纂修过程中，"馆阁诸公校核讹错，皆罹薄谴，独君所手辑毫发无疵"，"书成奏进，纯皇帝素稔君才，仰荷特达之知，改授编修。本朝自新城王文简公以部曹改官翰林，而后词林掌故不多觏，洵异数也"。③

---

　　① （清）程晋芳：《勉行堂诗文集》附录，合肥：黄山书社，2012年，第845页。又见叶昌炽：《藏书纪事诗》卷五，上海：上海古籍出版社，1989年，第534页。

　　② 杜泽逊：《读新见程晋芳一篇四库提要分撰稿》，《图书馆建设》1999年第5期，第70—71页。

　　③ （清）程晋芳：《勉行堂诗文集》附录，第846页。

七、戴震

戴震（1724—1777），字慎修，又字东原，安徽休宁（今屯溪）人。清代著名学者、思想家，考据学皖派大师。自幼聪颖，过目成诵。青年时代，得音韵学家江永指导，学问大进。乾隆二十年（1755）入都，结交纪昀、钱大昕等学界名家，自此声名渐起。但戴震的科举之途一直不顺，四十岁才乡试中举，此后六次会试均不第。因其学术声望极高，乾隆四十年（1775），朝廷特命其与会试中式者同赴殿试，赐同进士出身，改翰林院庶吉士。戴震一生著述颇丰，主要有《原善》《考工记图注》《孟子字义疏证》《声韵考》《声类表》《方言疏证》《水经注（校订本）》等，后世辑有《戴震文集》《戴震集》。

乾隆三十八年（1773），戴震以举人身份被破例荐为纂修官，是四库馆"五征君"之一。章太炎称："震始入四库馆，诸儒皆震竦之，愿敛衽为弟子。"[1] 其言或有夸大，但戴震当时在四库馆颇有威信当是无疑。对自己在四库馆的工作情况戴震亦有叙说。乾隆三十八年十月三十日，戴震《与段玉裁书》云："及今秋之仲入都门……仆此行不可谓非幸邀，然两年无分文以给旦夕，曩得自由，尚内顾不暇。今益以在都，费用不知何以堪之。数月来纂次《永乐大典》内散篇，于《仪礼》得张淳《识误》、李如圭《集释》，于算学得《九章》《海岛》《孙子》《五曹》《夏侯阳》五种算经，皆久佚而存于今者，足宝贵也。"[2] 可见，戴震在京生活较为拮据，但工作颇为勤奋。包括以上两种《仪礼》、五种《算经》在内，戴震从《永

---

[1]　章太炎：《訄书·清儒第十二》，《章太炎全集》第3册，上海：上海人民出版社，1984年，第157页。

[2]　陈柱：《戴东原遗札真迹考证》，《清儒学术讨论集》第1集，上海：商务印书馆，1930年，第32—33页。

乐大典》中辑佚出了十四种书，分别是：《仪礼集释》《仪礼释宫》《仪礼识误》《大戴礼记》《方言注》《水经注》《项氏家说》《孙氏算经》《五曹算经》《五经算术》《夏侯阳算经》《九章算术》《海岛算经》《周髀算经》。戴震辑校的书，"皆详慎不苟"，为其他工作人员效仿的对象。

由上面的书名可以看出，戴震在《四库全书总目》的经部、史部、子部提要方面都有较多贡献，故李慈铭认为："《四库总目》虽经纪文达、陆耳山总其成，然经部属之戴东原。"① 其说可备参考。戴震晚年患足疾，不能到馆，就在北京的家中修书。乾隆四十二年（1777）五月，长期积劳成疾的戴震在北京去世。其弟子段玉裁说："谓先生鞠躬尽瘁，死于官事可也。"②

八、周永年

周永年（1730—1791），字书昌，又字书仓、书愚，号林汲山人，山东历城人。清代著名学者、藏书家。乾隆三十六年（1771）进士。不仅好学，而且热心学术公益事业，为了建立供学者读书借书之用的"借书园"，曾"竭数十年博采旁搜之力，弃产营书"。中进士之前，就力倡"儒藏说"，得到一些学者的响应，成为纂修《四库全书》之先声。

乾隆三十八年（1773）开四库馆，周永年"以凤望被征"，成为"五征君"之一。在四库馆中，负责《永乐大典》的辑校工作。一般馆臣迫于功令时限，多选择其中比较容易出成绩的书籍来辑校，但周永年却踏踏实实，尽心尽力，从《永乐大典》中辑出了《周官总义》《公是集》《彭城集》《浮溪集》等十余部著作，贡献良多。总裁官于敏中曾在信札中说："昨阅《程功册》，

---

① （清）李慈铭：《越缦堂读书记》，第 556 页。

② （清）段玉裁：《戴东原先生年谱》，《戴震文集》附，北京：中华书局，1980 年，第 238 页。

散篇一项，除山东周编修外，认真者极少。"① 章学诚《周书昌别传》云："书昌无间风雨寒暑，目尽九千巨册，计卷一万八千有余，丹铅标识，摘抉编摩。"② 近代学者任松如据此认为周永年是"校办《永乐大典》用力最多者"③。

关于《总目》之撰写，李慈铭有"子部属之周书仓"的说法，无论此说是否准确，至少从一个方面体现出周永年主要负责撰写子部提要的任务。《清史稿》评价周永年："在书馆好深沉之思，四部兵、农、天算、术数诸家，钩稽精义，褒讥悉当，为同馆所推重。"④ 据陈垣推测，释家类提要也可能出自周永年之手："《四库提要》成书仓卒，谬误本多。唯释家类著录十三部、存目十二部，谬误尚少，此必稍通佛学者所为。吾尝考之，四库馆员中以佛学名者无几，吾颇疑其出于历城周书昌永年也。……故舛误尚不多也。"⑤ 这也是周永年主要负责子部提要的旁证。

九、刘权之

刘权之（1739—1818），字德舆，号云房，湖南长沙人。乾隆二十五年（1760）进士，改庶吉士，授翰林院编修，累官司经局洗马，督安徽学政。工诗古文词，善书画。晚年于嘉庆间，官至体仁阁大学士，加太子少保。

乾隆三十八年（1773），刘权之充四库全书纂修兼总目协勘官（殿本《总目》职名表作"协勘总目官"，浙本《总目》职名表作"总目协勘官"）。

① （清）于敏中：《于文襄手札》第 39 通。转引自胡适：《跋〈于文襄手札〉影印本》，《胡适全集》第十三卷，合肥：安徽教育出版社，2003 年，第 538 页。

② （清）章学诚：《周书昌别传》，《章学诚遗书》卷十八，北京：文物出版社，1985 年，第 181 页。

③ 任松如：《四库全书答问》，成都：巴蜀书社，1988 年，第 28 页。

④ 赵尔巽等：《清史稿》卷四百八十一，《儒林传二·邵晋涵传附周永年传》，第 13210 页。

⑤ 陈垣：《中国佛教史籍概论》，上海：上海书店出版社，2001 年，第 15—16 页。

后曾至地方任职，又丁母忧三年。乾隆四十六年（1781）仍充总目协勘官。为"在事最久"者。乾隆四十七年（1782）七月十九日永瑢等奏云："查上年《全书总目提要》全部告成，其协勘官编修汪如藻、程晋芳、李潢及查校人员等，均经仰蒙圣恩，特旨交部议叙……唯查有原派协勘之候补洗马刘权之一员，前后在馆五年，现在协同校办《简明目录》，颇为勤勉，但洗马仅有一缺，该员需次无期，可否准其于对品侍讲缺出通行补用，以示鼓励。"同日奉旨："刘权之遇有侍讲缺出，准其借补。"①

在四库馆中，因刘权之为纪昀门生，辅助纪昀较多，所以在《总目》起草与修订过程中发挥了比较重要的作用。提要撰写方面，聚珍版提要有《猗觉寮杂记》《后山诗注》《茶山集》《文苑英华辨证》四篇为其所写。

十、邹炳泰

邹炳泰（1741—1820），字仲文，号晓屏，江苏无锡人。清代学者、藏书家。乾隆三十七年（1772）进士，改庶吉士，四十年（1775）散馆授编修，旋充《四库全书》纂修官。后曾任国子监祭酒、江西学政、礼部侍郎、兵部及户部尚书、吏部尚书协办大学士等官职，屡遭贬降。邹炳泰嗜古书画，收藏甚富，藏书楼有"午风堂"。著作有《纪听松庵竹炉始末》《午风堂集》《午风堂丛谈》。

邹炳泰自始至终参与了《永乐大典》的辑佚工作。他在《午风堂丛谈》中记叙说："癸巳二月，上命大学士刘统勋等将《大典》内散篇纂集成书，总纂则纪编修昀、陆刑部锡熊，纂修三十人。余时为庶常，亦厕是选，日

---

① 中国第一历史档案馆编：《纂修四库全书档案》，乾隆四十七年七月十九日，第 1604—1605 页。

于原心亭校纂。"① 经他辑佚的书籍有多种，如《直斋书录解题》《易纬通卦验》《养吾集》《须溪集》《苏氏演义》《学易集》《丹阳集》《秘书监志》等。

邹炳泰对于《总目》的贡献主要在集部。学者袁行云说："读《午风堂丛谈》，可知炳泰熟习典籍，究心掌故，《四库提要》集部多成其手，诗歌乃旁事也。"②

十一、任大椿

任大椿（1738—1789），字幼植，又字子田，号芝田，江苏兴化人。乾隆三十四年（1769）进士，授礼部主事，后迁礼部郎中，授陕西道监察御史。与段玉裁、王念孙、孔广森并称为戴震的四大弟子。任氏学问淹通，"尤长于三礼注疏、六书训诂"。著作有《经典弁服释例》《深衣释例》《小学钩沉》《字林考逸》等。

四库馆开馆后，任大椿以学问优长被荐入馆，是当时以非翰林身份而任纂修官的八人之一。在馆中，任大椿担任总目协勘官，参与《四库全书》的纂修及《总目》的考订工作。平日，勤于治学，"不媚要津，唯与朱筠、翁方纲辈以道义、学术相切磋"③。姚鼐在为其所撰《墓志铭》中回忆道："君既博于闻见，其考订论说多精当，于纂修之事，尤为有功。其后鼐以病先归，君旋遭艰居里。既而鼐遇君淮上。当是时，《四库》书成，凡纂修者皆议叙，向之八人者，其六尽改为翰林矣。大臣又与鼐与君名，列之章奏，而称其劳，

---

① （清）邹炳泰：《午风堂丛谈》卷二，盛宣怀刻本，《续修四库全书》第1462册，上海：上海古籍出版社，2002年，第186上页。

② 袁行云：《清人诗集叙录》，北京：文化艺术出版社，1994年，第1447页。

③ （清）梁园棣等：《重修兴化县志》卷八，《人物志·儒林·任大椿传》，咸丰二年（1852）刻本。

请俟其补官更奏。……鼐昔者与君本相知，及同处四库馆，则朝晡无不偕，有所疑说，无不相论证也。退而偶有尊酒召宾之设，无不与同也。"①

任大椿对《总目》之贡献，阮元有"礼经裒辑为多，提要多出其手"②之说，可见礼经类提要多由任大椿所撰。另外，聚珍版提要署其名者有《郑志》《岭表录异》《麟台故事》《归潜志》《文子缵义》等篇目。

除了以上诸位，四库馆中的其他分纂官对《总目》编撰也都作出了不同程度的贡献。限于篇幅，不能尽述。

第二节　《四库全书总目》的总纂官

在《四库全书总目》的整个编撰过程中，总纂官付出的心血最多，对于《总目》编撰所起的作用也最大。《总目》最后成为中国文化史上的一部经典，很大程度上是取决于总纂官的工作。

总纂官最初称总办，大体上相当于现在的丛书主编，其办公地点即为总办处。总纂官的工作是多方面的。在总目协勘官的帮助下，他们对采进书籍进行拣选，对纂修官校办过的书籍审阅签章，对图书的去留作出新的裁决，等等。总纂官对《总目》提要所做的工作，主要是对分纂官撰写的提要内容细致考订、增删改定，并对提要的文字作修饰润色。分纂官撰写完提要稿后，将之夹粘于对应的书内，连同所办之书，送至总纂官处。总

① （清）姚鼐:《陕西道监察御史兴化任君墓志铭》,《惜抱轩全集》文集卷十三,北京:中国书店,1991 年,第 146—147 页。

② （清）阮元:《揅经室集·续二集》卷二,《集传录存》,北京:中华书局,2006 年,第 1032 页。

纂官根据分纂官提出的意见，检阅原书，决定各书的录存与否，同时对提要稿内容进行修改。分纂官的意见固然十分重要，但总纂官一般都会在分纂官原稿基础上，从思想观点、篇目内容，到体例风格、语言文字等各个方面进行考证、修改、润饰，或增或删，或分或合。这个过程可以称得上是字斟句酌，反复再三。总纂官的这些工作，有残存于世的几部《总目》稿本可资佐证。在国家图书馆、天津图书馆、上海图书馆所收藏的几部《总目》稿本中，均有总纂官纪昀等人大量修改的痕迹。而分纂官所遗留下来的一些分纂提要稿，以及文渊阁、文溯阁、文津阁、文澜阁库书中的书前提要，与《总目》提要亦有大量的不同。这些不同，即是由总纂官增删修改而造成的。近人金毓黻 1933 年在文溯阁整理阁书提要时，经过亲自比对认为："现行《总目》，经文达笔削《提要》而成，校刊之书以后出者为精，此不待言也。近日对校两书之《易类总目》中，为正《总目》之误，而笔削者触处皆是……综而言之，二本同者十之四五，小有异同者十之三四，大异及全改者则十之一二耳。《总目》每多于《提要》，其笔削处多胜于原作。"[①]

　　总纂官不仅对分纂官所撰提要进行细致地修改润色，也亲自动手，撰写《总目》中的总叙、小序、案语等。这些总括性的文字，在整个《总目》中起到了画龙点睛的作用，其意义不容小觑。撰写总叙、小序、案语，非有渊博学识、通贯眼光而不能为之。

　　总纂官还需通盘设计《总目》的类目编排，使每篇提要都能有个恰当的位置归属。同时还需要按照一定的原则方法，比如时代先后，来安排贯

① 金毓黻：《静晤室日记》第 4 册，1933 年 5 月 1 日条，沈阳：辽沈书社，1993 年，第 3044—3045 页。

串每一类目下各篇提要的前后顺序。对于同一作者的不同著作，还要避免在提要中重复介绍其生平事迹。一些相关的著作，还需注意前后的照应。在《总目》初步成书之后，总纂官还要从总体上作进一步校勘，而且这个工作还不止一遍。就像一件雕刻品一样，层层打磨，精益求精。

经过总纂官的"笔削考核，一手删定"与整体筹划、精心排纂，一万多篇各自独立的提要稿，变得上下有归属、前后有次序，臻于统一与完善，结合成一个有机的整体——《四库全书总目》，最终成为中国古典目录学著作中的集大成者，中国文化史上的一座丰碑。

《总目》各种版本中所附的职名表，均显示总纂官有三人：纪昀、陆锡熊、孙士毅。三人中，纪昀与陆锡熊是在乾隆三十八年（1773）开馆之初就被推荐入馆担任总办（总纂）的，孙士毅则是于乾隆四十五年（1780）五月由地方大员被贬到馆任职，并非专办之员，对《总目》贡献不大。因此，总纂官主要是纪昀、陆锡熊两人。这一点，在总办处审阅书籍的印章上，亦可得到证明。经总办处审阅后的书籍，加盖的签名印章多是纪、陆两人名字连写的，如"臣昀臣锡熊恭阅"等，并未发现有孙士毅署名的印章。乾隆四十六年（1781）二月十六日，《总目》初稿办竣后，乾隆帝谕令"所有总纂官纪昀、陆锡熊著交部从优议叙"[1]，在这个针对总纂官的奖励名单中，并无孙士毅名字，说明他在馆中的作用无法与纪、陆二人相提并论。次年，孙士毅即离开四库馆，出任山东布政使。

就纪昀与陆锡熊两人来说，纪昀的角色更为重要。总办处署名印章显示，两人之中，纪昀的名字是写在前面的。另外，上海图书馆收藏的《总目》

---

① 中国第一历史档案馆编：《纂修四库全书档案》，乾隆四十六年二月十六日，第1292页。

稿本中，在陆锡熊修改的提要稿旁，还有纪昀的朱笔批语："依此本改。"说明纪昀对陆锡熊所改提要稿具有进一步的取舍权，亦说明纪昀在馆中的地位比陆锡熊要高，对《总目》所起的作用更大。

除了以上三人，总纂官中还有一个多被忽略不计的名字：王太岳。《总目》职名表中显示，他是黄签考证纂修官。乾隆四十二年（1777）三月十二日内阁奉上谕："王太岳著加恩在四库全书处总纂上行走。"同年五月二十一日，总裁英廉等奏："唯查有前经奉旨派在四库全书馆总纂之王太岳，该处《全书提要》将次办完，现无接手专办之事……令该员等承办《明史·本纪》。"① 可见此人在总纂任上时间较短，可能只是临时性的。而其对于《总目》之贡献，则难以寻觅到具体材料。

一、纪昀

纪昀（1724—1805），字晓岚，一字春帆，晚号石云，又号观奕道人、孤石老人，人称纪茶星、纪河间，谥文达。直隶献县（今河北献县）人。乾隆十九年（1754）进士，改庶吉士，授编修。后官至礼部尚书、协办大学士、加太子少保兼国子监事。著作有《史通削繁》《纪文达公遗集》《阅微草堂笔记》等。

纪昀自幼禀赋异常，才思敏捷，尤长于联语对句，有"神童"之誉。进入翰苑后，纪昀仕途一帆风顺，得到刘统勋等朝中大臣的赏识。乾隆二十一年（1756），纪昀扈从热河，制作了大量"恭和御览诗"，得到"天语褒奖"。唯因乾隆三十三年（1768）在"两淮盐引案"中，给涉嫌挪用公款的两淮盐政使、亲家卢见曾通风报信，被革职发配新疆乌鲁木齐，直

---

① 中国第一历史档案馆编：《纂修四库全书档案》，乾隆四十二年五月二十一日，第619—620页。

到乾隆三十六年（1771）才被赦，返回翰林院。

纪昀早年在业师何琇的影响之下，即好汉唐训诂。乾隆十九年（1754）纪昀、王鸣盛、钱大昕、朱筠同登进士榜，成翰林院庶吉士。他们聚集京师，相与驰逐，文酒之会无虚夕，又皆以经典考证为趣向，形成一支引导汉学考证学风的新锐力量。乾隆十九年夏，三十三岁的戴震因族人构陷罪名，只身入京避难，居于歙县会馆。尽管戴震当时的身份不过是一介县学生，可他的深厚学力和不图虚声的学风早已声播京师，故纪昀、王鸣盛、钱大昕、王昶、朱筠等翰苑新贵，纷纷前往拜访，"叩其学，听其言，观其书，莫不击节叹赏"，"折节与交"。纪昀更延请戴震坐馆于自宅阅微草堂，并出资刊刻戴震的著作《考工记图》。其《〈考工记图〉序》盛赞曰："戴君深明古人小学，故其考证制度、字义，为汉已降儒者所不能及，以是求之圣人遗经，发明独多。""是书之为治经所取益固巨。"① 以考文知音为治经门径，是顾炎武倡导的学术方法，纪昀将戴震与顾炎武的学脉打通，并向学术界指明这一方法之价值，对于乾嘉考据学确立为学精神具有指导性意义，戴震亦因此声誉鹊起。乾嘉考据学学风的兴起，纪昀起了重要的推动作用。

乾隆三十八年（1773）二月底，四库馆开馆。闰三月十一日，从新疆流放地回京不到两年的纪昀，得到了座师刘统勋等人的推荐。他们向皇上奏称："至各书详检确核，撮举大纲，编纂总目，其中繁简不一，条理纷繁，必须斟酌综核，方不致有参差罣漏。臣等公同酌议，查现在纂修、翰林纪昀，

---

① （清）纪昀：《〈考工记图〉序》，戴震《考工记图》，北京：商务印书馆，1955年，第3—4页。

提调、司员陆锡熊，堪膺总办之任。"①总办就是总纂官，地位级别不高，但是责任重大。以纪昀的才学配此职务，正可得到淋漓尽致地发挥。奏折得到乾隆帝批准后，纪昀开始把积蓄已久的热情与精力全部投入于修书工作之中。

纪昀对肩负的工作尽心尽力。比较分纂提要、书前提要与《总目》提要，三者之中，唯有经过纪昀等人修订后的《总目》提要"考据益臻详赡，文体亦复畅达"，被公认为最好最成熟的一种。除此之外，纪昀还向总裁推荐人才。周永年、戴震、余集等人就是经他推荐入馆。在《四库全书》的重检工作中，纪昀也负有重要责任。乾隆五十二年（1787），乾隆帝发现文津阁库书"讹谬甚多"，再加上之前在李清著作中发现有"妄诞不经"之处，于是下令重新校阅内廷四阁全书。纪昀领衔了这次复校工作，主导拟议了有关应行撤毁收回删削各书的章程条例，并亲自带人对文渊阁、文源阁、文津阁《四库全书》进行了全面检查，尤其重点清查最有可能触犯忌讳的明末清初时期的著作。纪昀既善于揣摩上意、具有较高的政治敏感，同时又具有广博的学问修养，所以能在检查工作中将分寸拿捏得比较准确，得到上下的一致认可。乾隆五十六年（1791）七月，纪昀又领导了第二次复校工作，次年才结束。每次复校的同时，纪昀还要根据复校结果对《总目》提要进行相应地删削修改，工作甚为繁琐。

纪昀在四库馆的工作，正如他在《钦定四库全书告成恭进表》中所写的"鲸钟方警，启蓬馆以晨登；鹤籥严关，焚兰膏以夜继"，紧张而忙碌。其门生、同为四库馆臣的刘权之说："《四库全书》开馆，吾师即奉命总纂，

① 中国第一历史档案馆编：《纂修四库全书档案》，乾隆三十八年闰三月十一日，第76—77页。

自始至终，无一息之间。不唯过目不忘，而精神实足以相副。"① 虽然辛劳，纪昀的工作热情却很高。他在《自题校勘〈四库全书〉砚》诗中云："检校牙签十万余，濡毫滴渴玉蟾蜍。汗青头白休相笑，曾读人间未见书。"② 牙签，以象牙制作的标签，古代用于卷轴之首，也指书籍函册封面标签。玉蟾蜍，用以贮水磨墨的水盂。前两句诗极写纪昀作为总纂官的辛苦，后两句却洋溢出一种欣慰与自豪之情。正是这种对修书工作的热情，支撑纪昀从乾隆三十八年（1773）入馆，到四库馆闭馆（约在乾隆五十年正月），又到乾隆五十七年（1792）《四库全书》二次复校，乃至其后对《总目》继续修订，为《四库全书》与《总目》奉献精力长达二十年之久，可谓是编纂《四库全书》与《总目》的第一功臣。

纪昀在四库馆中的贡献得到了乾隆帝的肯定。乾隆三十八年八月十八日，亦即四库馆开馆后半年，乾隆帝谕曰："办理四库全书处将《永乐大典》内检出各书，陆续进呈。朕亲加披阅，间予题评，见其考订分排，具有条理，而撰述提要粲然可观，则成于纪昀、陆锡熊之手。二人学问本优，校书亦极勤勉，甚属可嘉。纪昀曾任学士，陆锡熊现任郎中，著加恩均授为翰林院侍读，遇缺即补，以示奖励。"③ 这一擢升对于当时官品低微的纪昀来说，算是破格提拔了。他为此而感激涕零："圣主文明之治，自古所无；小臣知遇之隆，于斯为极。恩荣逾分，感激难名……昀等唯有悉意丹铅，殚精

---

① （清）陆以湉：《冷庐杂识》卷一，"四库全书表文"条，北京：中华书局，1984 年，第 53 页。

② （清）纪昀：《自题校勘〈四库全书〉砚》，《纪晓岚文集》第 1 册，第 509 页。

③ 中国第一历史档案馆编：《纂修四库全书档案》，乾隆三十八年八月十八日，第 145 页。

编纂。文章报国，冀少酬高厚之恩；夙夜在公，益勉竭驽骀之力。"①此后，从乾隆四十年至五十二年（1775—1787），纪昀一路升迁，从侍读学士、侍讲学士，到詹事府詹事，再到内阁学士、礼部侍郎、左都御史、礼部尚书。从入馆时的七品小官，最后做到了一品大员。

纪昀与《总目》之关系，为时人与后人一再评说。与他大致生活在同一时代的乾嘉学者是如此认为的：

同为四库馆臣的朱珪在为纪昀所撰的《墓志铭》中说："公缩书局，笔削考核，一手删定，为《全书总目》，衰然巨观，弆之七阁，真本朝大手笔也。"②在祭纪氏文中又云："生入玉关，总持四库，万卷提纲，一手编注。"③

阮元撰《〈纪文达公遗集〉序》云："高宗纯皇帝命辑《四库全书》，公总其成。凡六经传注之得失，诸史记载之异同，子集之支分派别，罔不抉奥提纲，溯源彻委，所撰定《总目提要》，多至万余种，考古必衷诸是，持论务得其平。"④

刘权之撰《〈纪文达公遗集〉序》云："乾隆三十七年，朱笥河学士奏闻高宗纯皇帝，敕辑《永乐大典》并搜罗遗书，特命吾师总撰《四库全书总目》，俱经一手裁定。"⑤

陈鹤撰《〈纪文达公遗集〉序》云："我师河间纪文达公，以学问文

①　（清）纪昀：《与陆锡熊同被恩命升授翰林院侍读呈请奏谢折子》，《纪晓岚文集》第1册，第73页。

②　（清）朱珪：《经筵讲官太子少保协办大学士礼部尚书管国子监事谥文达纪公墓志铭》，《知足斋文集》卷五，北京：商务印书馆《丛书集成初编》排印本，第114页。

③　（清）朱珪：《祭同年纪文达公文》，《知足斋文集》卷六，第147页。

④　（清）阮元：《纪文达公遗集序》，《纪晓岚文集》第3册，第727页。

⑤　（清）刘权之：《纪文达公遗集序》，《纪晓岚文集》第3册，第725页。

章著声公卿间四十余年，国家大著作非公莫属。其在翰林校理《四库全书》
七万余卷，《提要》一书，详述古今学术源流、文章体裁异同分合之故，
皆经公论次，方著于录。"①

江藩《国朝汉学师承记·纪昀》云："《四库全书提要》《简明目录》
皆出公手。大而经、史、子、集，以及医卜、词曲之类，其评论抉奥阐幽，
词明理正，识力在王仲宝、阮孝绪之上，可谓通儒也。""公一生精力，
粹于《提要》一书。"②

昭梿《啸亭杂录·纪晓岚》云："北方之士，罕以博雅见称于世者，
唯晓岚宗伯无书不读，博览一时。所著《四库全书总目》，总汇三千年间
典籍，持论简而明，修词淡而雅，人争服之。"③

洪亮吉《北江诗话》卷一云："乾隆中，四库馆开，其编目提要，皆
公一手所成，最为赡博。"④

嘉庆帝为纪昀所撰《御赐碑文》亦云："四库之储，编摩出一人之手。……
集成今古，备册府之大文；皆其宣力始终，尽儒巨之能事。"⑤

以上诸位，皆称《总目》出自纪昀"一手"，或是"一手删定""一
手编注"，或是"一手裁定""一手所成"。可见在《总目》问世之当日，
学术界即直认《总目》为纪昀之著述。

稍晚的嘉道年间，学者的评价亦大致近似。

张维屏《听松庐文钞》云："或言纪文达公博览淹贯，何以不著书？

① （清）陈鹤：《纪文达公遗集序》，《纪晓岚文集》第 3 册，第 729 页。
② （清）江藩：《国朝汉学师承记》，北京：中华书局，1983 年，第 93 页。
③ （清）昭梿：《啸亭杂录》，北京：中华书局，1980 年，第 353 页。
④ （清）洪亮吉：《北江诗话》卷一，北京：中华书局，1985 年，第 10—11 页。
⑤ 《附录·御赐碑文》，《纪晓岚文集》第 3 册，第 723 页。

余曰：文达一生精力，具见于《四库全书提要》，又何必更著书？"①

陆以湉《冷庐杂识》卷一云："《全书总目提要》二百卷，亦公所撰。说者谓公才学绝伦，而著述无多，盖其生平精力已毕萃于此书矣。"②

李元度《纪文达公事略》云："公胸有千秋，故不轻著书，其所欲言，悉于四库书发之。"③

民国以来的学者亦多持此说，如《清史稿·纪昀传》称："昀学问渊通，撰《四库全书提要》，进退百家，钩深摘隐，各得其要指，始终条理，蔚为巨观。"④余嘉锡在《四库提要辨证》序文中称："（《四库提要》）乃由纪昀一手修改"，"二百卷之《总目》，成之一人"。⑤

纪昀本人对此也毫不谦让，屡称"余撰《四库全书总目》""余所编《四库全书总目》""余于癸巳受诏校秘书，殚十年之力，始勒为《总目》二百卷"⑥云云。如果以《总目》所论与纪昀其他著述互勘，其中一脉相承乃至完全相似处甚多。如《总目·〈后山集〉提要》评陈师道诗：

> 其五言古诗出入郊、岛之间，意所孤诣，殆不可攀，而生硬之处，
>
> 则未脱江西之习；七言古诗颇学韩愈，亦间似黄庭坚，而颇伤謇直，
>
> 篇什不多，自知非所长也。五言律诗佳处往往逼杜甫，而间失之僻涩；

---

① （清）张维屏：《听松庐文钞》，《国朝诗人征略》卷三十五，广州：中山大学出版社，2004年，第516页。

② （清）陆以湉：《冷庐杂识》卷一，"四库全书表文"条，第53页。

③ （清）李元度：《纪文达公事略》，《国朝先正事略》，长沙：岳麓书社，2008年，第634页。

④ 赵尔巽等：《清史稿》卷三百二十，《列传·纪昀传》，第10771页。

⑤ 余嘉锡：《余嘉锡论学杂著》，北京：中华书局，1963年，第590页。

⑥ （清）纪昀：《〈诗序补义〉序》，《纪晓岚文集》第1册，第156页。

七言律诗风骨磊落，而间失之太快太尽。五、七言绝句纯为杜甫《遣兴》之格，未合中声；长短句亦自为别调，不甚当行。大抵词不如诗，诗则绝句不如古诗，古诗不如律诗，律诗则七言不如五言。①

纪昀《〈后山集钞〉序》亦云：

其五言古，劖削坚苦，出入于郊、岛之间，意所孤诣，殆不可攀。其生硬杈枒，则不免江西恶习。七言古，多效昌黎，而间杂以涪翁之格，语健而不免粗，气劲而不免直。喜以拗折为长，而不免少开合变动之妙。篇什特少，亦自知非所长耶。五言律，苍坚瘦劲，实逼少陵，其间意僻语涩者，亦往往自露本质。然胎息古人，得其神髓，而不自掩其性情，此后山所以善学杜也。七言律，嶔崎磊落，矫矫独行，唯语太率而意太竭者是其短。五、七言绝则纯为少陵遣兴之体，合格者十不一二矣。大抵绝不如古，古不如律，律又七言不如五言。②

再如《总目·〈重修玉篇〉提要》批评戴震《声韵考》中"不使外国之学胜中国"的观念，与《纪文达公遗集》卷十二《与余存吾太史书》相比较，除论述语言略有差异，基本思路与批评角度均相一致。

论者之所以以《总目》为纪昀著作，大致源于四个方面的理由。

其一，纪昀在分纂官初稿的基础上对这些提要笔削一贯，在整个《总目》中贯穿了自己的价值判断。

---

① 《四库全书总目》卷一百五十四，集部别集类，《后山集》提要，第 1329 页。
② （清）纪昀：《〈后山集钞〉序》，《纪晓岚文集》第 3 册，第 313 页。

陈垣等人在《影印〈四库全书〉原本提要缘起》中指出："现行《四库全书总目》，本撷取各书提要而成，后经文达笔削以归一贯，其间排列次第，与阁中所度，出入固多，而尤以提要原文相差太甚。原本提要与现行《总目》相对，无有一编无异同者，其通编不同，各类皆有；与《总目》互校异同详略，亦不胜列举也。盖文达《总目》，原离本书而孤行，复与各类相呼应……吻合提要原文，雅非所计。"①

黄云眉在《从学者作用上估计〈四库全书〉之价值》一文中说："就形式观之，《提要》似为多人心血之结晶品，其实此书经纪氏之增窜删改，整齐划一而后，多人之意志已不可见，所可见者，纪氏一人之主张而已。""不特纪氏自认《提要》为纪氏个人之书，虽时人亦皆以《提要》所言，为足以代表纪氏个人种种见解矣。"②

郭伯恭在《〈四库全书〉纂修考》中称："《提要》各稿，嗣经纪氏划一之后，则原撰者之意趣精神早已无存。……今之《总目》，则纯属纪氏一家之言矣。试校之《总目》与邵氏《分纂稿》，当知吾言之不虚也。"③

其二，《总目》中的文化观念和纪昀的思想一脉相通。

纪昀的门生陈鹤最早把《总目》与纪昀的文集联系起来，指出两者之间的关系。他在《〈纪文达公遗集〉序》中谈到《纪文达公遗集》的编纂说："公

---

① 陈垣等：《影印〈四库全书〉原本提要缘起》，原载《中华图书馆协会会报》1927年第3卷第3期，收录于《民国期刊资料分类汇编·四库全书研究》（下），北京：国家图书馆出版社，2010年，第1342页。

② 黄云眉：《从学者作用上估计〈四库全书〉之价值》，原载《国立北平图书馆馆刊》1933年第7卷第5号，收录于《民国期刊资料分类汇编·四库全书研究》（上），第107—108页；又易名《从主编者意图上估计〈四库全书〉之价值》，收录于黄云眉《史学杂稿订存》，第229—230页。

③ 郭伯恭：《〈四库全书〉纂修考》，长沙：岳麓书社，2010年，第202页。

毙四年而树馨居同知府君之丧，乃尽发向时所录及已梓行者，诗赋、箴铭、赞颂、序记、碑表、志铭、行状，类而次之，总若干篇，为若干卷，题曰《纪文达公遗集》。后之人博观之《提要》，而约求之此集，于以知公之生平实有同于欧阳、司马，而远媲乎古之立言者，其在斯乎，其在斯乎！"①所谓博观之《提要》而约求之《纪文达公遗集》，正是因为两者有密切关联。只有联系起来而不是孤立地读，才能真知纪昀。

鲁迅言辞尖锐，嬉笑怒骂，无所不至，但对纪昀却颇有好感。他在《中国小说史略》中讲到《阅微草堂笔记》时说："昀又'天性孤直，不喜以心性空谈，标榜门户'（盛序语），其处事贵宽，论人欲恕，故于宋儒之苛察，特有违言，书中有触即发，与见于《四库总目提要》中者正等。且于不情之论，世间习而不察者，亦每设疑难，揭其拘迂，此先后诸作家所未有者也。"②这一论述，以敏锐的眼光，揭示了纪昀"处事贵宽，论人欲恕"的性格特征以及对"世间习而不察"的"不情之论"、"苛察"之论"每设疑难，揭其拘迂"的批判精神，这是此前的纪昀论者从未涉及的。更重要的是，鲁迅是把《总目》与《阅微草堂笔记》联系起来读的，他指出纪昀在《阅微草堂笔记》中所表现的思想，"与见于《四库提要总目》中者正等"，这也是观察纪昀与《总目》关系的一个重要角度。

其三，虽然不能了解纪昀对《总目》的修改情况如何，但可以认为他对这些提要至少是价值认同的，因此，《总目》亦可谓代表了纪昀的思想主张。

这一观点的代表性论述是日本学者前野直彬，他在论文《明清时期两

---

① （清）陈鹤：《〈纪文达公遗集〉序》，《纪晓岚文集》第 3 册，第 729—730 页。
② 鲁迅：《中国小说史略》，上海：上海古籍出版社，2006 年，第 170 页。

种对立的小说论——金圣叹与纪昀》中说："《提要》由各方面的专门学者分别执笔，但经总纂官纪昀大加订正后才定稿的。虽然小说类这部分的原稿究竟是谁写的，纪昀的改笔占多大分量，都不清楚，但反正这部分的论述无疑是为纪昀所完全同意了的。在这意义上，认为《提要》的小说论即是纪昀本人的主张也无不可。"①

其四，将《总目》著作权归之于纪昀乃是沿袭古代集体著作之通例。

著名学者张舜徽先生也是纪昀著《总目》的力主者。他对李慈铭所说"《四库书目》虽纪河间总其事，然为之者非一人"深不以为然。舜徽师的理由有三：1. 与纪昀为同年进士、又在修《四库全书》时任总阅官的朱珪，一再称《四库全书总目提要》为纪昀一手所成，这一说法"当不诬也"；2. "当日《总目》之分类、类序之撰述，以及斟酌损益、轻重先后之际，皆昀一手裁定，而尤致详于经部"。纪昀自己也"视此二百卷之书，为一己之著作"；3. 司马光编纂《资治通鉴》，"越十九年而后毕"，"当时襄助其事者，以刘恕、刘攽、范祖禹三人之力为多。《史记》、前后《汉书》属刘攽，三国、南北朝属刘恕，唐、五代属范祖禹，而光实总其成。删削熔铸，皆出光手"，"然虽有刘恕、刘攽、范祖禹助其事，而后来论《资治通鉴》者，皆言'司马光作《资治通鉴》'"。同样，"当日撰述提要，虽有戴、邵、周诸君分为撰稿，而别择去取、删节润色之功，则固昀一人任之。亦犹涑水《通鉴》，虽有二刘、范氏分任撰述，而后之论者，必归功于司马光耳。"他因此驳斥李慈铭："李氏不察情实，而漫加讥弹，宁有当乎？"②

---

① 前野直彬：《明清时期两种对立的小说论——金圣叹与纪昀》，《古代文学理论研究》第 5 辑，上海：上海古籍出版社，1981 年，第 46 页。

② 张舜徽：《清人文集别录》卷七，《纪文达公文集》十六卷，北京：中华书局，1963 年，第 187—188 页。

　　无论如何，纪昀可谓《总目》的第一功臣。来新夏为《纪晓岚文集》作序云："本证他证，纪氏戮力《总目》之劳已可概见，而有功学术，为清代目录事业作出贡献，实难异议。……纪氏之与《四库总目》，不仅为清代目录事业之壮举，也可称古典目录学领域中的宏业。"①

　　但是，关于纪昀与《总目》之关系，还有若干问题需要加以辨证。

　　其一，"撰定"还是"拟定"？

　　台湾大学张维屏在其硕士论文《纪昀与乾嘉学术》中提出了一个关于纪昀对《总目》著作权的话语建构问题。张维屏认为，纪昀即《四库提要》作者的印象之所以"深入人心"，"成为一种牢不可破的成见"，与江藩的《国朝汉学师承记》密切相关。江藩在《国朝汉学师承记·纪昀》中称："《四库全书提要》《简明目录》皆出公手。"由于"江氏的《纪昀传》在往后清代传记中一再被重复运用"，使"纪昀的学术地位和形象几与《四库提要》的重要性及影响力合而为一"，由此而形成纪昀是"《四库提要》作者"的形象。作者进一步追述说，江藩的这一说法亦非凭空而论，而是源自对阮元叙述的加工。阮元在《〈纪文达公遗集〉序》中说："高宗纯皇帝命辑《四库全书》，公总其成。凡六经传注之得失，诸史记载之异同，子集之支分派别，罔不抉奥提纲，溯源彻委，所拟定《总目提要》，多至万余种，考古必衷诸是，持论务得其平。"但江藩"过于引申其说"，"把阮元所谓的由纪昀'拟定'扩大解释为'皆出公手'，使人直觉地有纪昀就是《总目提要》及《简明目录》'作者'的偏差印象"。这是一个对纪昀著"总目"话语的一个根本性颠覆，关系甚大。但是，笔者遍查文献，却未能发现阮元所说的"拟定"二字。张维屏君引用的资料来源于《揅经

_____

　　① 来新夏：《〈纪晓岚文集〉序》，《纪晓岚文集》第1册，序第3—4页。

室集》下册，北京中华书局1993年版，〈揅经室三集〉卷五，第678页。
笔者查阅了同一版本同一页数，未见"拟定"二字，而只有"撰定"二字，
即原文为"所撰定《总目提要》，多至万余种"，而不是"所拟定《总目
提要》，多至万余种"。同样，笔者查阅了嘉庆十七年（1812）的《纪文
达公遗集》与道光阮氏文选楼刻本《揅经室集》，两书中的阮元序，亦均
只有"撰定"而无"拟定"。"撰定"与"拟定"是两个根本不同的概念。
如按"拟定"说，江藩对阮元的评价确实是"过于引申其说"；如按"撰定"
说，则阮元与江藩的评价并无多大差异，此不得不辨。

其二，纪昀著《总目》？！

诚如上文所述，关于纪昀和《四库全书总目》的关系，从纪昀同时代
学者到近现代学术大师，皆有纪昀著《总目》之说，其中或有过誉之词，
或有相沿之说，但也大体体现了大家的共识。余嘉锡先生"一生精力"萃
于《四库提要辨证》，张舜徽师淹贯四部、博通古今，著有《四库提要叙
讲疏》，以两位学术大家的博识，岂不知《总目》有多位分纂官参与纂修？
实际上，对于纪昀著《总目》这个概念不宜作过于拘泥之理解。据天津图
书馆所藏纪晓岚亲自删定的《总目》残存稿本考察，纪昀作为总纂官，对
于各分纂官所撰写的提要做了下述三方面的修改：一、著录方面，对其中
每一条目的书名、卷数、撰者（含部分小传内容）、版本、分类、一书位置，
及其版式等重新进行校对，发现问题进行删改、增补和调整。二、避讳方面，
对提要中的内容进行核查，包括李清、周亮工等这些被列入"违碍"范围
的人物，以及书名、朝代等，发现存在违碍内容，对该提要进行删改、增
补和调整。三、润饰方面，对提要中的行文字句进行润饰，润饰的范围包
括字词、文句、一段内容及整篇提要等。发现存在错字或病句等，对其进

行增补、删削、删改，甚至重写。这一咬文嚼字的工作最费时间，也最见晓岚功力①。即使以今日对"著作"的理解，纪昀作为《总目》的主编亦绝无疑义，而且，这位主编是一位将"平生精力，毕萃于此书"的良心主编。

从另一角度理解"纪昀著《总目》"之概念，则可援引张舜徽师之说。舜徽师言，当年司马光编纂《资治通鉴》，"虽有刘恕、刘攽、范祖禹助其事，而后来论《资治通鉴》者，皆言'司马光作《资治通鉴》'"。而《总目》的情形正与《资治通鉴》相似。换言之，以纪昀为《总目》之作者正如《资治通鉴》"虽有二刘、范氏分任撰述，而后之论者，必归功于司马光"②。这是古代乃至近代关于著作权的一种通行概念，似不必作过于狭隘胶执之理解。

其三，《总目》思想＝纪昀思想？

黄云眉说："就形式观之，《提要》似为多人心血之结晶品，其实此书经纪氏之增窜删改、整齐划一而后，多人之意志已不可见，所可见者，纪氏一人之主张而已。"③郭伯恭说："《提要》各稿，嗣经纪氏划一之后，则原撰者之意趣精神早已无存。……今之《总目》，则纯属纪氏一家之言矣。"④两位学者的说辞，大致说对了一半，而另一半则有重新讨论之必要。

所谓"说对了一半"，指"《提要》似为多人心血之结晶品，其实此书经纪氏之增窜删改、整齐划一而后，多人之意志已不可见"，"经纪氏

---

① 李国庆：《影印纪晓岚删定本〈四库全书总目〉稿本前言》，《纪晓岚删定〈四库全书总目〉稿本》，北京：国家图书馆出版社，2011年。

② 张舜徽：《清人文集别录》卷七，《纪文达公文集》十六卷，第187页。

③ 黄云眉：《从学者作用上估计〈四库全书〉之价值》。

④ 郭伯恭：《〈四库全书总目提要〉考》，载《中国图书文献学论集》，台北：明文书店，1983年，第128页。其实，这一类说法早已有之，如姚莹在嘉道年间批判纪昀时就称："《提要》皆纪氏一人核定，专以邪说害正。"（姚永概：《慎宜轩日记》第3册，合肥：黄山书社，2010年，第78页）

划一之后，则原撰者之意趣精神早已无存"。这正是纪昀要做的工作，也确实达到了这个效果。所谓"另一半有重新讨论之必要"，即尽管《总目》经纪昀笔削加工，但所体现的并非就全是纪昀的思想。《总目》是一部钦定的著作，"钦定"二字，使《总目》笼罩在乾隆帝文化管控的阴影之下。乾隆帝的意志不仅直接体现在诸多提要中，而且"造成一种无边的氛围产生权力的毛细管作用"（王汎森语）。在国家意识形态的压迫下，纪昀不仅不可能真正自由地表达自己的思想，而且无时无刻不自我压抑，自我删节。由此而理解纪昀，方能接近《总目》的思想世界。

二、陆锡熊

陆锡熊（1734—1792），字健男，号耳山，晚号淞南老人，江苏上海县（今上海浦东）人。乾隆二十六年（1761）进士。召试，授内阁中书。累迁刑部郎中，旋授翰林院侍读，五迁左副都御史。著作有《篁村集》《宝奎堂集》《炳烛偶钞》等。

乾隆三十八年（1773）闰三月十一日，陆锡熊与纪昀一起被推荐为总办（即总纂官）。此后，两人的命运被联系到了一起。乾隆三十八年五月初一日，上谕著照节赏年赏例赏给纪昀、陆锡熊各一分。乾隆三十八年八月十八日，他们同被授为翰林院侍读。乾隆四十一年（1776）七月初六日，两人俱著以原衔充文渊阁直阁事。乾隆四十二年（1777）三月二十四日，乾隆帝发现《四库全书》有誊写错误，下令军机大臣此后每三月查核一次，纪昀、陆锡熊与陆费墀三人因所办书籍既多，一概免其处分。乾隆四十三年（1778）二月二十九日，乾隆帝著赏给他们缎疋、荷包、笔、墨、纸、砚，以示奖励。乾隆四十五年（1780）九月十七日，上谕内阁著派纪昀、陆锡熊等人详细考证内外官职纂成《历代职官表》。乾隆四十六年（1781）二月十六日，他们又一同被"从优议叙"。然而，两人的"共命运"不仅是一起共事，一起受奖，还一同受到责罚。乾隆四十六年（1781）正月十七日，军机大臣查十月至十二月所进书籍错误次数，总纂纪昀、陆锡熊、孙士毅各记过三次，后均被照例罚俸六个月。乾隆四十七年（1782）十一月二十一日，因办理《词话》错谬，纪昀、陆锡熊俱著降一级，从宽留任；乾隆五十二年（1787）六月十二日，乾隆帝发现库书有讹谬之处，谕令纪昀、陆锡熊复校文渊等三阁书籍，应换写篇页及工价费用等，均由纪昀、陆锡熊一体分赔。

陆锡熊虽在才学与能力上不及纪昀，但在总纂官任上亦是勤勤恳恳，贡献良多。陆锡熊是总裁官于敏中的门生，于敏中委托陆锡熊拟制过多种四库馆工作条例。对于分纂官所撰提要稿，陆锡熊也参与了修改。据其文章判断，子部医家类提要即为陆锡熊审定。于敏中给陆锡熊的书札云："接信已悉，提要稿吾固知其难，非经足下及晓岚学士之手不得为定稿，诸公即有高自位置者，愚亦未敢深信也。"[①]对纪昀与陆锡熊两人修订提要稿的能力给予了充分肯定。王昶为陆锡熊所作《墓志铭》称："考字画之讹误、卷帙之脱落、与他本之互异、篇第之倒置，蕲其是否不谬于圣人；又博综前代著录、诸家议论之不同，以折衷于一是；总撰人之生平、撮全书之大概，凡十年书成，论者谓陆君之功为最多。"[②]这段文字充分肯定了陆锡熊对于《总目》提要的贡献，但"论者谓陆君之功为最多"一语，却不免有过誉之嫌。陆锡熊在四库馆中的贡献实无法与纪昀相比。

---

① （清）于敏中：《于文襄手札》第42通。转引自胡适：《胡适全集》第二十五卷，第150页。

② （清）王昶：《都察院左副都御史陆君墓志铭》，《春融堂集》卷五十五，上海：上海文化出版社，2013年，第951页。

乾隆五十六年（1791）七月，乾隆帝偶阅文津阁全书，发现有些书籍开篇即有脱漏之处，非常生气，下令将纪昀交部议处，并令其亲赴文渊、文源两阁，对库书进行再次复校。陆锡熊看到文源阁全书经纪昀等复核，中间缺落舛讹尚多，而已阅竣的文渊阁全书，亦未免还有沿讹，不由深感不安，担心自己经手校阅的文溯阁库书亦有舛误，于是主动提出再次复校文溯阁全书，并愿自备资斧。乾隆五十七年（1792）正月，陆锡熊带领人马前往盛京（今沈阳）。却不料山海关外寒气逼人，以致途中染疾，到了盛京一病不起，于二月二十五日，卒于任上。

陆锡熊为复校《四库全书》而客死异乡，纪昀闻讯后非常悲痛。他为陆锡熊遗像题长诗一首，缅怀他们的深情厚谊，深切悼念这位与自己两心相契的老朋友。诗曰：

性情嗜好各一偏，如火自热泉自寒。

文士例有山水癖，唯余兹事颇无缘。

东岳嶒峻倦蹑屐，西湖浩渺懒放船。

慢亭峰下三度宿，亦未一访虹桥仙。

我去君来握使节，乃能煮茗千峰巅。

旁人错认陆鸿渐，前身猜是杨大年。

羡君雅调清到骨，笑我俗病医难痊。

有如带剑异左右，定知结佩分韦弦。

宁识相与无相与，此故不在形骸间。

蓬莱三岛昔共到，开元四库曾同编。

两心别有胶漆契，多年皆似金石坚。

一旦东流惊逝水，至今南望悲荒阡。

丹青忽见形仿佛，存亡弥觉情缠绵。

……

题诗半夜昏灯绿，招魂何处霜枫丹。

老屋惊寒风瑟瑟，深冬酿雪云漫漫。

徘徊不寐坐长叹，伊谁解识余辛酸。①

第三节　《四库全书总目》的总裁官

　　总裁官是四库全书馆的领导者、管理者。他们负责协调馆内各种事务，对《四库全书》与《总目》等进行把关。总裁官大都由皇室郡王、大学士以及六部尚书、侍郎兼任，对乾隆帝直接负责。四库馆的工作由他们上传下达。按常理猜想，作为四库馆中的最高职务，总裁官应该人数很少。但实际并非如此。总裁官有多少人呢？在浙本《总目》职名表中，正总裁有16人，分别是：永瑢、永璇、永瑆、刘统勋、刘纶、舒赫德、阿桂、于敏中、英廉、程景伊、嵇璜、福隆安、和珅、蔡新、裘曰修、王际华；副总裁有10人，分别是：梁国治、曹秀先、刘墉、王杰、彭元瑞、钱汝诚、金简、董诰、曹文埴、沈初。殿本《总目》职名表中，正总裁名单与浙本中的完全一致，副总裁多出两人：张若渟、李友棠。又根据《纂修四库全书档案》中乾隆三十八年（1773）闰三月十一日上谕："英廉、庆桂外，并添派张

---

　　①　（清）纪昀：《题陆耳山副宪遗像》，《纪晓岚文集》第 1 册，第 534—535 页。

若淮、曹秀先、李友棠为副总裁。"① 乾隆四十三年（1778）五月二十六日内阁奉上谕："礼部尚书钟音著充四库全书馆副总裁。"② 乾隆四十九年（1784）二月十九日内阁奉上谕："陆费墀既为侍郎，著充四库全书馆副总裁。"③ 可知，英廉、庆桂、钟音、陆费墀四人亦曾为四库馆副总裁。因此，可以确定担任过四库馆正总裁的有 16 人，担任过副总裁的也有 16 人。除去英廉先后担任过正副总裁，实际担任过四库馆总裁官的共有 31 人。

与总纂官不同的是，总裁官基本上属于兼职。除了担任四库馆总裁官，他们还有其他的行政职务，如军机大臣（刘统勋、于敏中、庆桂等人）、大学士（阿桂、英廉、嵇璜等人）、各部尚书（工部尚书裘曰修、户部尚书王际华、礼部尚书曹秀先等人）、侍郎（金简、董诰、曹文埴等人）等等。从品级上看，除了永瑢、永璇、永瑆三位皇子，正总裁均为正一品或从一品官员；副总裁则为正二品官员。正副总裁的品级，透露出四库馆的行政规格还是非常高的。总裁官由乾隆帝直接指派任命，其地位虽高，学问却参差不齐，有翰林出身的，如王际华、于敏中、梁国治、王杰等人，也有非翰林出身的，如舒赫德、阿桂、金简、庆桂等人。三位皇子更不必说，乾隆帝让他们做总裁官，大概一是表示对修书的重视，二是想给他们一个锻炼的机会。《四库全书总目》卷首的《恭进表》中，落款人就是以永瑢为首的几位正副总裁。《总目》的几种版本，也多署"永瑢等撰"，而不署出力最多的纪昀等人，体现出总裁官在四库馆中的领导者地位。

① 中国第一历史档案馆编：《纂修四库全书档案》，乾隆三十八年闰三月十一日，第 73 页。

② 中国第一历史档案馆编：《纂修四库全书档案》，乾隆四十三年五月二十六日，第 834 页。

③ 中国第一历史档案馆编：《纂修四库全书档案》，乾隆四十九年二月十九日，第 1768 页。

四库馆的总裁官情况比较复杂。张升在《四库全书馆研究》一书中说，四库馆总裁的分工有两种：一是不阅书总裁，二是阅书之总裁。其大致情况可见乾隆帝的一道谕旨。乾隆三十九年（1774）二月二十一日，乾隆帝在四库全书处进呈的录成书本《圣祖仁皇帝御制文集》中，发现"桃花"的"桃"字，误写成"梅"字，未经校出，大为震怒，下谕指责："朕于所缮各种书籍，原未尝有意苛求，亦实无暇通身细阅，而信手披翻，错字自然呈露，则其他舛误处，谅更不少。总裁等岂宜概以轻心掉之耶！"但对各位总裁应该担负的责任，乾隆帝有细心分辨，"如皇六子质郡王永瑢、舒赫德、福隆安，虽派充总裁，并不责其翻阅书籍，乃令统理馆上事务者。英廉办理部旗及内务府各衙门，事件较繁，亦难悉心校阅。金简另有专司，此事本非其职。至于敏中，虽系应行阅书之人，但伊在军机处办理军务，兼有内廷笔墨之事，暇时实少，不能复令其分心兼顾。所有皇六子永瑢、舒赫德、于敏中、福隆安、英廉、金简，俱著从宽，免其交部。其余总裁，每日到馆，岂可于呈览之书，竟不寓目"①。在这道谕旨里，乾隆帝很具体地分析了总裁的不同情况。"永瑢、舒赫德、福隆安，虽派充总裁，并不责其翻阅书籍，乃令统理馆上事务者"，也就是负责四库馆的行政事务，不负翻阅书籍的责任；英廉办理部旗及内务府各衙门，事情较繁。金简此前曾派在四库全书处经管纸绢、装潢、饭食、监刻各事宜，此时已被授为总管内务府大臣，虽"著即充四库全书处副总裁"，但"所有原派承办事务，仍著照旧专管"，也是脱不开身。两人亦因此免责。于敏中虽然是"阅书之人"，但在军机处和内廷所兼事务也极为繁重，"暇时实少"，无法

---

① 中国第一历史档案馆编：《纂修四库全书档案》，乾隆三十九年二月二十一日，第 199 页。

分心兼顾，因此，"俱著从宽，免其交部"。而其余总裁，包括王际华、蔡新、张若溎、曹秀先、李友棠等是"每日到馆"者，对于"呈览之书"，有"寓目"、审阅之责，因此，乾隆帝将他们"俱著交部察议，其复校、分校等员，并著一并交部议处"。

按照《总目》编纂工作程序，总纂官修订完提要稿后，还要交由总裁官裁正。总裁官虽然参与具体编撰工作相对较少。但对各篇提要亦即各书录存的取舍标准、褒贬原则，以及《总目》的体例与分类等问题，有时会提出一些指导性意见。总之，他们受乾隆帝的委派，领导督促四库馆的编纂工作，提供四库馆运行的行政保障，以保证《四库全书》与《四库全书总目》编纂的顺利完成。

历任正、副总裁官的任职等情况可见下表：

1. 历任正总裁（16 人）

姓名	籍贯	任职情况	出处
永瑢	乾隆帝第六子	乾隆三十八年九月任。	浙本职名表。《清高宗实录》卷九百四十三。
永璇	乾隆帝第八子	乾隆四十四年任。	浙本职名表。
永瑆	乾隆帝第十一子	乾隆四十四年任。兼办各馆书籍。	浙本职名表。
刘统勋	山东诸城	乾隆三十八年二月任校办《永乐大典》总裁官，闰三月改为《四库》正总裁。乾隆三十八年去世。	浙本职名表。
刘纶	江苏武进	乾隆三十八年二月任校办《永乐大典》总裁官，闰三月改为《四库》正总裁。乾隆三十八年去世。	浙本职名表。
舒赫德	满洲正白旗	乾隆三十八年九月任。兼任国史馆、清字经馆总裁，《蒙古源流》《临清纪略》正总裁。乾隆四十二年去世。	浙本职名表。《清高宗实录》卷九百四十三。

阿桂	满洲正白旗	乾隆四十二年任。兼玉牒馆、国史馆总裁。	浙本职名表。《纂修四库全书档案》第 638 页。
于敏中	江苏金坛	乾隆三十八年二月任校办《永乐大典》总裁官，闰三月改为《四库》正总裁。主办《四库全书荟要》；兼国史馆、三通馆总裁；总办《日下旧闻考》等书。乾隆四十四年去世。	浙本职名表。
英廉	汉军镶黄旗	乾隆三十八年三月任副总裁，四十二年任正总裁。主管武英殿事务；后又管翰林院事。总裁《日下旧闻考》、纂修《明史》。乾隆四十八年去世。	浙本职名表。《纂修四库全书档案》第 594、1517 页。
程景伊	江苏武进	乾隆三十九年十月任。兼三通馆、国史馆总裁。乾隆四十五年七月病故。	浙本职名表。《纂修四库全书档案》第 275、1440 页。
嵇璜	江苏无锡	乾隆三十九年十月任。兼三通馆、国史馆总裁。	浙本职名表。《纂修四库全书档案》第 275 页。
福隆安	满洲镶黄旗	乾隆三十八年二月任校办《永乐大典》总裁官，闰三月改为《四库》正总裁。兼国史馆总裁。乾隆四十九年去世。	浙本职名表。
和珅	满洲正红旗	乾隆四十五年任。兼国史馆副总裁、总裁。	浙本职名表。《纂修四库全书档案》第 1221 页。
蔡新	福建漳浦	乾隆三十八年九月任。乾隆四十一年九月离任。	浙本职名表。《清高宗实录》卷九百四十三。《纂修四库全书档案》第 537 页。
裘曰修	江西新建	乾隆三十八年二月任校办《永乐大典》总裁官，闰三月改为《四库》正总裁。乾隆三十八年去世。	浙本职名表。
王际华	浙江钱塘	乾隆三十八年二月任校办《永乐大典》总裁官，闰三月改为《四库》正总裁。兼荟要处总裁。乾隆四十一年三月去世。	浙本职名表。《荟要》职名表。

2. 历任副总裁（15 人）

姓名	籍贯	任职情况	出处
梁国治	浙江会稽	乾隆四十二年二月任。	浙本职名表。《纂修四库全书档案》第 575 页。
曹秀先	江西新建	乾隆三十八年闰三月任。乾隆四十一年九月离任。乾隆四十九年去世。	浙本职名表。《纂修四库全书档案》第 537 页。
张若渟	安徽桐城	乾隆三十八年闰三月任。乾隆四十一年九月以年老离任。	殿本职名表。《纂修四库全书档案》第 537 页。《清史稿·高宗本纪五》。
刘墉	山东诸城	乾隆四十一年九月任。兼三通馆总裁。	浙本职名表。《纂修四库全书档案》第 537 页。
王杰	山西韩城	乾隆四十二年任。兼三通馆、国史馆副总裁。乾隆四十四年十二月任武英殿总裁。乾隆四十五至四十七年任浙江学政；乾隆四十七年八月仍充四库馆副总裁。	浙本职名表。《纂修四库全书档案》第 742、1135、1607、1440 页。
彭元瑞	江西南昌	乾隆四十八年十一月任。兼三通馆、国史馆副总裁。	浙本职名表。《纂修四库全书档案》第 1751 页。
钱汝成	浙江嘉兴	乾隆四十一年九月任。兼三通馆副总裁。乾隆四十四年病故。	浙本职名表。《纂修四库全书档案》第 537、1062 页。
李友棠	江西临川	乾隆三十八年闰三月任。乾隆三十九年月任浙江学政。后受王锡侯《字贯》案牵连。	殿本职名表。
金简	汉军正黄旗	乾隆三十八年十二月任。乾隆四十三年闰六月，派办《四库全书荟要》，兼荟要处总裁。主持聚珍版印刷，并兼校对官。	浙本职名表。《清高宗实录》卷九百四十八。《纂修四库全书档案》第 853 页。《荟要》职名表。
董诰	浙江富阳	乾隆四十一年三月任，接王际华办《荟要》，兼荟要处总裁。兼武英殿总裁。	浙本职名表。《纂修四库全书档案》第 501 页。《荟要》职名表。
曹文埴	安徽歙县	乾隆四十四年任总裁。乾隆四十五年六月任副总裁。兼三通馆副总裁、武英殿总裁。兼办《一统志》《辽史》《元史》。乾隆四十八年任顺天府尹。	浙本职名表。《纂修四库全书档案》第 1171 页。

沈初	浙江平湖	乾隆四十一年九月任。兼三通馆副总裁。乾隆四十二年至四十三年任福建学政。乾隆四十七年四月前已告假回籍。曾是浙江书局主编者。	浙本职名表。《纂修四库全书档案》第537、1569页。
庆桂	满洲镶黄旗	乾隆三十八年任。	《纂修四库全书档案》第73页。
钟音	满洲镶蓝旗	乾隆四十三年五月任。兼三通馆副总裁，同年九月病故。入馆前为闽浙总督，曾主持闽浙采书、查禁书之事。	《纂修四库全书档案》第833页。
陆费墀	浙江桐乡	乾隆三十八年任四库馆总校官，兼武英殿提调。乾隆四十九年二月任四库馆副总裁。因图书讹谬问题责罚过重，于乾隆五十五年郁郁而终。	浙本职名表。《纂修四库全书档案》第1767页。

（上表主要摘录于张升《四库全书馆研究》中的《四库馆馆臣表》）

在如上四库馆的总裁、副总裁中，于敏中、王际华、金简等几位总裁官有必要专门加以介绍。

一、于敏中

于敏中（1714—1780），字叔子，一字重棠，号耐圃，谥文襄，江苏金坛人。乾隆二年（1737）状元，授翰林院修撰，累官至文华殿大学士兼军机大臣。其人机敏干练，谨慎持重，且文才过人，深得乾隆帝信任。在朝四十二年，任军机大臣二十年，为乾隆朝汉臣首揆执政最久者。

乾隆三十七年（1772），乾隆帝下诏征求遗书，安徽学政朱筠请求开局搜辑《永乐大典》中的古书，大学士刘统勋认为此举"非政要"，持反对意见。于敏中则十分支持朱筠的奏议，与刘统勋力争。乾隆帝最终采纳了朱筠的建议，特开四库全书馆，命于敏中等人为正总裁，主其事，时在乾隆三十八年（1773）闰三月十一日。因此，四库全书馆开馆即有于敏中的一份功劳。

四库馆总裁官属于兼职,有些总裁对修书之事极少参与,但于敏中并非如此。他虽"在军机处办理军务,兼有内廷笔墨之事,暇时实少",但对《四库全书》与《总目》的编纂,密切关注和过问。他留下的书信集《于文襄手札》中,记录了一些他与纪昀、陆锡熊等人讨论纂修工作的内容。在一封信中,他说:"散篇书存留数日,随意翻阅,见有讹字,即为改补,可疑者,存记另单附寄。"在另一封信中,他讨论《总目》的分类与体例说:"进呈书目提要,此时自以叙时代为正,且俟办《总目》时再分细类,批阅似较顺眼。其各书注藏书之家,莫若即分注首行大字下,更觉眉目一清,且省提要内附书之繁。"他又提出提要书写的笔法褒贬原则:"愚见以为提要宜加核实,其拟刊者有褒无贬,拟抄者则褒贬互见,存目者有贬无褒,方足以彰直笔而示传信。"① 对于书籍处理中的应刊、应抄、应存和毋庸存目几种情况,于敏中也提出了较为详细的抉择标准。陈垣阅读《于文襄手札》后,认为:"于敏中以大学士总裁其事,据寻常观察,必以为徒拥虚名,机轴实出纪、陆二人之手,今观诸札,所有体例之订定、部居之分别、去取之标准、立言之法则,敏中均能发纵指示,密授机宜,不徒画诺而已。"② 由于于敏中为乾隆帝所信任,且又较有才学,故在刘统勋去世后的乾隆三十九年至四十年(1774—1775)间实际处于主持馆务的地位。其对纂修工作的贡献非一般总裁所能比。

二、王际华

王际华(1717—1776),字秋瑞,一字秋水,号白斋、梦舫居士,谥文庄。

---

① (清)于敏中:《于文襄手札》第 35 通。

② 陈垣:《书于文襄论四库全书手札后》,原载《国立北平图书馆馆刊》1933 年第 7 卷第 5 号,收录于《民国期刊资料分类汇编·四库全书研究》(上),第 160 页;又收录于《陈垣四库学论著》上编,北京:商务印书馆,2012 年。

浙江钱塘（今杭州）人。乾隆十年（1745）进士，授编修。乾隆十三年（1748），
擢侍读学士、上书房行走。后历任学政、侍郎、尚书等职。有《王文庄日记》
传世。

乾隆三十八年（1773）二月十一日，内阁奉上谕："著再添派王际华、
裘曰修为总裁官，即会同遴简分校各员，悉心酌定条例，将《永乐大典》
分晰校核。"[①] 此时的王际华正在礼部尚书任上，后来又改任户部尚书，
仍兼任武英殿总裁、四库馆总裁，真正是一身兼三职。王际华工作非常勤奋，
除了出入于户部官署、武英殿、四库馆，他还作为皇帝的顾问经常入直内廷。
从乾隆三十八年五月开始，王际华与于敏中又负责《四库全书荟要》之事，
工作头绪可谓繁多。

王际华入馆时间较早，早期办书之事多为其参与主持，如前面说的"酌
定条例"，制定章程。另外，他还为四库馆推荐人才，如张羲年等人。对
于图书的收录与否、缮录事宜，他都要亲自参与。乾隆三十九年（1774），
皇上检查四库馆进呈的缮录书籍，发现舛漏较多，非常生气，但"王际华
于校勘《荟要》诸书……并未见有字画错误之处，办理尚属尽心"[②]，得
到乾隆帝的充分肯定。乾隆四十一年（1776）三月，王际华在总裁任上去世，
陆锡熊为其作《墓志铭》云："自发凡起例，以逮丹铅甲乙之式，一切多
决于公。公亦覃精殚思，晓夜研勘，蕲得厘然勒成善本，以称塞上意。"[③]
乾隆帝专门发出谕旨："户部尚书王际华，才品端谨，学问优长，久直内廷，

① 中国第一历史档案馆编：《纂修四库全书档案》，乾隆三十八年二月十一日，
第 57 页。

② 中国第一历史档案馆编：《纂修四库全书档案》，乾隆三十九年十月十八日，
第 275 页。

③ （清）陆锡熊：《光禄大夫赠太子太保户部尚书文庄王公墓志铭》，《宝奎堂集》
卷十二，《清代诗文集汇编》第 383 册，第 218 页。

简任部务，懋著勤劳。迩年承办《四库全书》及《荟要》事，尤为殚心经理。"[①]并晋赠太子太保衔。

王际华之子王朝梧，在四库馆缮书处任分校官，亦为纂修工作出力不少，后授为内阁中书。像这样父子或兄弟同时在四库馆任职的例子，还有几个。如正总裁刘统勋与副总裁刘墉是父子关系，正总裁刘纶、校勘《永乐大典》纂修兼分校官刘跃云是父子关系，正总裁裘曰修、缮书处分校官裘行简也是父子关系。永瑢、永璇、永瑆三人是兄弟关系，总目协勘官刘权之与校勘《永乐大典》纂修兼分校官刘校之，总阅官朱珪与校办各省送到遗书纂修官朱筠，还有翰林院提调官刘谨之与武英殿提调官刘种之，也都属于兄弟关系。古代做学问讲求家学传承，所以父子或兄弟学问俱佳的情况非常多。同至四库馆工作，当然也有相互提携的原因。

三、金简

金简（？—1794），本系朝鲜义州人，初隶内务府汉军，后改入满洲正黄旗籍。赐姓金佳氏，字可亭。父三保，武备院卿。妹金玉妍，即乾隆帝的嘉贵妃，四库馆正总裁永璇之母。历官总管内务府大臣、工部尚书兼镶黄旗汉军都统、吏部尚书。

金简多巧思，为乾隆帝所器重，加之其皇亲国戚的特殊地位，又在内廷行走，得以参与乾隆朝诸多要事。《四库全书》开馆不久，乾隆帝即命金简办理武英殿监刻事宜，管理《四库全书》刊刻、刷印、装潢等事。乾隆三十八年（1773）十二月初十日，上谕："金简前曾派在四库全书处经管纸绢、装潢、饭食、监刻各事宜，今已授为总管内务府大臣，著即充四

[①] 中国第一历史档案馆编：《纂修四库全书档案》，乾隆四十一年三月二十日，第501页。

库全书处副总裁。所有原派承办事务，仍著照旧专管。"①虽然被升为副总裁，
但金简自承不懂纂辑之事。乾隆三十九年（1774）七月初三日，金简奏称：
"窃奴才内府世仆，本非科第，荷蒙皇上殊恩，命为四库全书处副总裁。
奴才自顾庸愚，深为不称，凡纂辑等事，实未习谙，而于一切督催稽查各事，
唯有仰遵圣训，实力供职。"②四十三年（1778）闰六月十五日，金简受
命办理《四库全书荟要》，兼荟要处总裁。次年，乾隆帝以副总裁金简无
阅书之责，令其专司《四库全书》"考核督催事务"，直至全书修竣。

金简对《四库全书》的功绩不在编审，而是刊刻。四库馆开馆后，金
简奉命管理书籍的刊刻、刷印、装潢等各项事宜。他详慎办理，务求精印。
因《四库全书》为鸿篇巨制，刻印并非易事，以传统的方法镌版印刷，不
仅所用版片繁多，逐部刊刻亦时日久长。金简"详细思维"，反复实验，
于乾隆三十八年（1773）十月二十八日，进呈《酌办活字书版并呈套版样
式》一折，向乾隆帝提出制作枣木活字、摆版刷印书籍的建议。乾隆帝朱
批："甚好，照此办理。"次年四月二十五日，钦定武英殿现办《四库全
书》之活字版，赐名为"武英殿聚珍版"。这就是后来《武英殿聚珍版书》
（138 种，2416 卷）的来历。《武英殿聚珍版书》大多是从《永乐大典》
中辑佚出的宋元人著作，极为珍贵实用。它也是我国现存规模最大的一部
木活字印本。金简在主持聚珍版印刷过程中，从理论上总结了活字制作、
刊印的全部工艺流程，于乾隆四十一年（1776）编撰出著名的《武英殿聚
珍版程式》一书。值得一提的是，此书被列入《四库全书》史部政书类，

---

① 中国第一历史档案馆编：《纂修四库全书档案》，乾隆三十八年十二月初十日，
第 189 页。

② 中国第一历史档案馆编：《纂修四库全书档案》，乾隆三十九年七月初三日，
第 223 页。

全名《钦定武英殿聚珍版程式》。

乾隆帝对金简采用聚珍版印刷术颇为赞赏。在《题武英殿聚珍版十韵》诗序中指出："校辑《永乐大典》内之散简零编，并搜访天下遗籍不下万余种，汇为《四库全书》。择人所罕觏，有裨世道人心及足资考镜者，剞劂流传，嘉惠来学。第种类多则付雕非易。董武英殿事金简，以活字法为请，既不滥费枣梨，又不久淹岁月，用力省而成功速，至简且捷。考昔日沈括《笔谈》，记宋庆历中，有毕昇为活版，以胶泥烧成。而陆深《金台纪闻》则云，毗陵人初用铅字，视版印尤巧便。斯皆活版之权舆。顾埏泥体粗，熔铅质软，俱不及锓木之工致。兹刻单字计二十五万余，虽数百十种之书，悉可取给，而校雠之精，今更有胜于古所云者。"① 序中充分地肯定了金简聚珍版印刷的长处，称赞它超出了宋代毕昇的泥字及明代毗陵人的铅字印法，以此术印书，省工省力，简捷快速。评价可谓甚高。

金简在四库馆除以副总裁之职管理印书事并手创聚珍版外，还与和珅、永璇一起主持改译辽、金、元三史人地官名。他在四库馆的贡献亦甚卓著。

---

① （清）于敏中等编：《日下旧闻考》，北京：北京古籍出版社，1985年，第173页。

第三章　乾隆帝与《四库全书总目》

　　《四库全书总目》的正式书名是《钦定四库全书总目》。《总目·凡例》云："是书卷帙浩博，为亘古所无，然每进一编，必经亲览，宏纲巨目，悉禀天裁。定千载之是非，决百家之疑似，权衡独运，衮钺斯昭，睿鉴高深，迥非诸臣管蠡之所及。随时训示，旷若发蒙，八载以来，不能一一殚记，谨录历次恭奉圣谕为一卷，载诸简端，俾共知我皇上稽古右文，功媲删述，悬诸日月，昭示方来，与历代官修之本泛称御定者迥不相同。"①这段话虽然竭尽赞颂，但关于乾隆帝在《总目》编纂中所起到的作用却讲得并不离谱。可以说，在中国历史上，从来没有哪一个王朝的最高统治者，像乾隆帝这样，深深地介入了钦定官修典籍的全过程。

　　一、《四库全书总目》编撰的倡导者

　　《四库全书总目》的出现，最早是由乾隆帝下诏搜访遗书而引发。乾隆三十七年（1772）正月初四日，乾隆帝在下诏搜访遗书的同时，要求地方官先给所采书籍"叙列目录"，上奏御览。此诏为编撰《四库全书总目》之滥觞。

　　由于采书工作没能得到地方官员的积极响应，乾隆三十七年十月十七日，乾隆帝再次下诏，督催采书，诏令中再次提出了编制目录的问题："俟

---

　　①　《四库全书总目》，北京：中华书局，1965年，第16页。

卷帙所积稍充，即开具目录，附折奏明。"①乾隆三十八年（1773）二月初六日，乾隆帝又谕令："应俟移取各省购书全到时，即令承办各员将书中要旨隐括，总叙崖略，黏贴开卷副页右方，用便观览。"②

乾隆三十八年三月二十八日，乾隆帝谕令内阁："近允廷臣所议，以翰林院旧藏《永乐大典》，详加别择校勘，其世不经见之书，多至三四百种，将择其醇备者付梓流传，余亦录存汇辑，与各省所采及武英殿所有官刻诸书，统按经、史、子、集编定目录，命为《四库全书》。"③

乾隆三十八年五月初一日，内阁奉上谕："自昔图书之富，于斯为盛。特诏词臣，详为勘核，釐其应刊、应抄、应存者，系以提要，辑成总目，依经、史、子、集部分类众，命为《四库全书》。"④

由这一系列的谕旨可以看出，乾隆帝从下令搜访遗书时就十分重视目录的编纂，并一直持此为要求。其后，更采纳朱筠、刘统勋等人的建议，为《四库全书总目》的编纂奠定了格局。

二、《四库全书总目》编撰的保障者

《四库全书总目》的编撰，离不开乾隆帝作为最高统治者的支持与保障。四库全书馆是一个非常庞大的机构，在前后十多年的时间里，先后有近五百名工作人员入驻其中。要维持其正常有序的运转，使整个纂修工作

---

① 中国第一历史档案馆编：《纂修四库全书档案》，乾隆三十七年十月十七日，第6页。

② 中国第一历史档案馆编：《纂修四库全书档案》，乾隆三十八年二月初六日，第56页。

③ 中国第一历史档案馆编：《纂修四库全书档案》，乾隆三十八年三月二十八日，第67页。

④ 中国第一历史档案馆编：《纂修四库全书档案》，乾隆三十八年五月初一日，第108页。

有条不紊，其内部的人员组成、职务划分、日常开销、后勤保障等等，每样都需要大费周折。虽然这些事情主要由军机大臣等官员来谋划，但最后的定夺权在乾隆帝的手上，这些事情解决好了，四库馆臣才能各司其职、各负其责，保证《四库全书》与《总目》编撰工作的顺利进行。

在四库馆纂修过程中，乾隆帝十分重视四库馆的人才保障。四库馆开馆之初，因翰林官纂辑不敷，刘文正公保进士邵晋涵、周永年，裘文达公保进士余集、举人戴震，王文庄公保举人杨昌霖，同典秘籍。乾隆三十八年（1773）七月十一日，乾隆帝谕四库馆总裁：对内阁进士邵晋涵、举人戴震等"留心试看年余"，"如果行走勤勉，实于办书有益，其进士出身者，准其与壬辰科庶吉士一体散馆，举人则准其与下科新进士一体殿试"。[①]乾隆四十年（1775），戴震、杨昌霖会试落第，乾隆帝以其"在四库全书馆纂校书籍，是以钦赐进士，准其一体殿试"，并"加恩授为翰林院庶吉士"。"五征君"中的三位进士，俱授为翰林院编修。乾隆四十三年（1778）二月二十九日谕旨："梦吉、王仲愚、章宝传、黄轩、平恕、邹炳泰、陈昌齐、庄通敏、王嘉曾、吴寿昌、陈初哲、郭长发，俱著以应升之缺列名在前升用；庶吉士汪如藻著即授为编修，无庸散馆；励守谦著加恩授为编修。"[②]四月初十日内阁奉上谕："国子监助教吴省兰、助教衔张羲年，学问尚优，且在四库馆校勘群书，颇为得力，俱著加恩准其与本科中式举人一体殿试。"[③]其他如总纂官纪昀、陆锡熊，分纂官邵晋涵、戴震、翁

---

① 中国第一历史档案馆编：《纂修四库全书档案》，乾隆三十八年七月十一日，第 137 页。

② 中国第一历史档案馆编：《纂修四库全书档案》，乾隆四十三年二月二十九日，第 785 页。

③ 中国第一历史档案馆编：《纂修四库全书档案》，乾隆四十三年四月初十日，第 813 页。

方纲等人，亦皆曾受过拔擢奖赏。这些逾格殊恩，给予四库馆编纂官极大的鼓励。

乾隆帝十分关注四库馆臣的生活待遇。他命内府司官每天为纂修人员准备桌饭，让他们饱食办公，尽一日之长。炎热的夏天，给他们送去冰块消暑；寒冷的冬季，则送去炭火取暖。有时甚至将一些贡品分给四库馆臣享用。《纂修四库全书档案》记载，乾隆四十二年（1777）十月二十七日、乾隆四十四年（1779）十月二十七日、乾隆四十五年（1780）十一月初二日，乾隆帝分别以哈密瓜赏赐四库馆诸臣。乾隆四十四年十一月十八日，还颁赏有苹果、圆果、石榴等。除了水果，乾隆帝经常对四库馆官员赏赐缎疋、荷包、笔、墨、纸、砚等物件，示以恩宠，以激励四库馆臣的工作积极性，保证《总目》编撰的顺利完成。

三、《四库全书总目》编撰的指导者

乾隆帝对《四库全书总目》编撰工作的指导十分具体。总纂官纪昀曾在奏折中称："事关全书体例，非修补篇页者可比，未经奏明，不敢擅改。"[①]其实，何止体例，乾隆帝的指导甚至下涉提要的技术处理，如乾隆四十年（1775）十一月十六日，乾隆帝在谕旨中说："纂辑《四库全书》，部帙计盈数万，所采诗文别集既多，自不能必其通体完善，或大端可取，原不妨弃瑕录瑜。如宋《穆修集》，有《掺帐记》，语多称颂，谬于是非大义，在所必删。而全集或录存，亦不必因此以废彼。唯当于提要内阐明其故，使去取之义晓然。诸凡相类者，均可照此办理。该总裁等务须详慎决择，

---

① 中国第一历史档案馆编：《纂修四库全书档案》，乾隆五十二年十二月十一日，第 2108 页。

使群言悉归雅正。副朕鉴古斥邪之意。"① 再如，乾隆五十一年（1787）十二月十七日谕旨："朕批阅朱载堉《乐律全书》，所论音律算法，称引繁赜。但其中较《律吕正义》一书疏漏歧误之处，正复不少。……务将《乐律全书》较《律吕正义》疏漏歧误之处，分列各条，公同详晰订证。如书中凡例、体裁逐加考评，载于提要之后。"② 从乾隆帝的这些谕旨中，可以看出他对《总目》编撰工作的指导是颇费心思的。

　　《四库全书总目》卷首所录二十余道圣谕，是乾隆帝对《四库全书总目》编撰工作所发出的"最高指示"，它们最能体现乾隆帝"《总目》编撰的指导者"身份。这些圣谕中，时间最早的一道是乾隆三十七年（1772）正月初四日所发，最晚的一道是乾隆五十五年（1790）六月初一日所发③，前后跨度十九年。由此可见，乾隆帝对《四库全书》与《总目》编纂的关切与指导，自始至终，绝非泛泛空言。

　　四、《四库全书总目》编撰的监督者

　　《四库全书总目》的编撰，离不开乾隆帝的监督。这一监督来自两方面，一是对《总目》编纂质量的监督，一是对《总目》编纂进度的监督。

　　乾隆帝对《总目》编撰的质量十分关切。乾隆三十八年（1773）八月十八日，内阁奉上谕："办理四库全书处将《永乐大典》内检出各书，陆续进呈。朕亲加披阅，间予题评，见其考订分排，具有条理，而撰述提

　　① 中国第一历史档案馆编：《纂修四库全书档案》，乾隆四十年十一月十六日，第 474 页。

　　② 中国第一历史档案馆编：《纂修四库全书档案》，乾隆五十一年十二月十七日，第 1981—1982 页。

　　③ 此据浙本《总目》。殿本《总目》卷首圣谕最晚一道是乾隆四十六年（1781）十一月初六日所发。

要，粲然可观。"①乾隆三十九年（1774）七月二十五日，内阁奉上谕："办理四库全书处进呈《总目》，于经、史、子、集内，分晰应刻、应抄及应存书名三项。各条下俱经撰有提要，将一书原委，撮举大凡，并详著书人世次爵里，可以一览了然。"②可见乾隆帝对《总目》的修撰情况随时都有把握。检查结果并非总是满意的，乾隆五十二年至五十七年（1787—1792）纪昀等对内廷四阁全书的两次复校，就是源于乾隆帝在书中发现了问题，最后连同《总目》一起都予以修订。

　　乾隆皇帝对《总目》编撰的工作进度也十分关切，迫切希望这一工程能尽早完工。他明令纂修各官"刻期告竣，不得任意稽延，徒诮汗青无日"③。在这种压力下，纂修官们焚膏继晷，日夜赶办，有人甚至为此而积劳成疾。乾隆四十八年（1783）三月十八日，军机大臣上奏："臣等遵旨将《四库全书总目》从前何时进呈及曾否于文渊阁陈设之处，交查四库馆。兹据覆称，《四库全书总目》二百卷及《简明目录》二十卷，于乾隆四十七年七月十九日进呈，发下另缮正本四分，于现在缮录。因有各馆未成之书，尚须续纂提要，依类归入，是以未经陈设，现在上紧催办。"④这份奏折系遵旨回报，体现了乾隆帝对《总目》编撰进度的过问。

　　在监管《总目》编纂的过程中，乾隆帝奖惩并用。如前所述，对于在

----

　　①　中国第一历史档案馆编：《纂修四库全书档案》，乾隆三十八年八月十八日，第145页。

　　②　中国第一历史档案馆编：《纂修四库全书档案》，乾隆三十九年七月二十五日，第228页。

　　③　中国第一历史档案馆编：《纂修四库全书档案》，乾隆三十八年二月十一日，第58页。

　　④　中国第一历史档案馆编：《纂修四库全书档案》，乾隆四十八年三月十八日，第1714页。

工作中勤奋认真、出力较多者，乾隆帝则分别予以物质与荣誉上的各种奖励，甚至加官晋爵。对于在工作中犯错者，则严惩不贷。他说："经朕看出错讹者，其分校、覆校名下错至两次，总裁名下所校错至三次者，均著查明，奏请交部议处。"① 对于在《总目》编纂工作中出现舛误的责任人，乾隆帝往往加以严惩。总裁、皇子亦在惩罚之列。乾隆四十三年（1778）三月二十七日内阁奉上谕："前派八阿哥、十一阿哥校勘《四库全书》。向来总裁校书经朕指出错误者，例有处分。嗣后阿哥等所校之书，如有错误，亦应一体查核处分，以昭公当。其应罚之俸，著照尚书例议罚，即于应得分例内坐扣。"② 总纂官纪昀、陆锡熊，总校官陆费墀，因为所办书籍较多，在例行检查中遵旨"免其处分"。但乾隆帝发现他们工作中的疏忽，也会予以罚俸、降级等处分。陆费墀便因工作出现的错误，被罚给南三阁《四库全书》装潢，结果倾家荡产，郁郁而终。

历代钦定著作的编纂，从来没有像《总目》这样，得到最高统治者的频频过问和过程监管，也正是因为有乾隆帝这位总监管，《四库全书总目》这部大书方得以顺利完成。

五、《四库全书总目》的思想掌控者

在《四库全书总目》的编撰中，乾隆帝除了扮演倡导者、保障者、指导者、监督者的角色，还直接掌控着《总目》的思想指向，从而决定了《总目》名副其实的"钦定"特色。

（一）乾隆帝与《四库全书总目》对清朝统治合法性的论证

---

① 中国第一历史档案馆编：《纂修四库全书档案》，乾隆四十二年三月二十四日，第576页。

② 中国第一历史档案馆编：《纂修四库全书档案》，乾隆四十三年三月二十七日，第806页。

清军入关之后，一直遭遇统治合法性的质疑。这一质疑，根植于儒家传统的"内华夏、外夷狄"的文化观，也与清入关后野蛮的民族政策休戚相关。雍正时期著名的"曾静案"中，雍正帝以《大义觉迷录》的长篇文字以及至尊皇帝的身份，与平民囚犯曾静展开大辩论，其实质正是要论证清朝统治的合法性。同样，乾隆帝也要将这一意图贯穿于《总目》对清以前万余种图书的评说中。

为了论证清朝统治的合法性，首先要努力揭示清胜明亡具有必然性。亦即所谓："胜国之所以亡，与昭代之所以兴者。"如《明宫史》五卷（《四库全书总目》卷八十二），本为明季宦官叙述当时宫殿、楼台、服食、宴乐及宫闱诸杂事之作，内容大多冗碎猥鄙，不足据为典要。按照《四库全书》收书惯例，此类文献价值不高、"俚浅讹谬"之书，只能在存目中出现。但"皇上于内殿丛编，检逢是帙，辟其谬而仍存之"。原因就在于它能够说明明朝之所以灭亡，是由于其朝政腐败，咎由自取；清朝的兴盛，则是顺天承命，天命使然。另一例子是乾隆四十六年（1781）乾隆帝下令编修反映明朝政乱的书籍《钦定明臣奏议》，此书"每成一卷，即恭呈御览，断以睿裁"。而乾隆帝之所以要编纂《明臣奏议》，也是要引导读者"推溯胜国之所以亡，与昭代之所以兴者，以垂训于无穷"。乾隆帝还在《总目》中强调，由于明政制败坏，天命发生转移，清朝在法统上是明王朝的合法继承者。在关于录存杨维桢《正统辨》的谕旨中，乾隆帝就明确指出："我朝为明复仇讨贼，定鼎中原，合一海宇，为自古得天下最正。"[①] 所谓"自古得天下最正"，也就是具有充分的政治合法性。乾隆帝曾说："夫政事

---

① 《清实录》第23册，《高宗纯皇帝实录》卷一千一百四十二，乾隆四十六年十月甲申，北京：中华书局，1985年，第309上页。

与学问非二途，稽古与通今乃一致。"①而在稽古通今的背后，实隐藏着国家意识形态的影子。

清朝入关后，面临的最强劲思想抵抗，是传统儒家的"夷夏之辨"。因此，在《总目》中，乾隆帝要对这一观念加以彻底清剿。为此，他下令对饱含讥讽侮辱清朝的明末各种稗官野史加以搜访，"若见有诋毁本朝之书，或系稗官私载，或系诗文专集，应无不共知切齿，岂有尚听其潜匿流传，贻惑后世……如有关碍者，即行撤出销毁"②。"明季诸人书集，词意抵触本朝者，自当在销毁之列"③。"明季末造野史者甚多，其间毁誉任意，传闻异词，必有抵触本朝之语，正当及此一番查办，尽行销毁，杜遏邪言，以正人心而厚风俗，断不宜置之不办"④。《四库全书总目》初稿完成后近十五年才刊行，就是因为随着书籍违碍内容不断发现，提要也在不断地进行修改。

乾隆帝不但对触犯本朝禁忌的文字极为敏感，对于历史上鄙薄辽、金、元三朝的文字，也同样下令改易。早在修书之前，乾隆帝就有谕令："前以批阅《通鉴辑览》，见前史所载辽、金、元人地官名，率多承讹袭谬，展转失真，又复诠解附会，支离无当，甚于对音中曲寓褒贬，尤为鄙陋可

---

①　《清实录》第 12 册，《高宗纯皇帝实录》卷二百三十九，乾隆十年四月戊辰，第 82 上页。

②　中国第一历史档案馆编：《纂修四库全书档案》，乾隆三十九年八月初五日，第 240 页。

③　《四库全书总目·圣谕》，乾隆四十一年十一月十七日，第 3 页。（《纂修四库全书档案》无此条）

④　中国第一历史档案馆编：《纂修四库全书档案》，乾隆三十九年八月初五日，第 240 页。

笑。"① 他曾命四库馆副总裁金简主持改译辽、金、元三史及刊刻《三史国语解》，并称："前以辽、金、元三史内人名字义多未妥协，因命编纂诸臣遵照《同文韵统》所载，详加更正。盖缘辽、金、元入主中国时，其人既未必尽晓汉文，以致音同误用；而后此之为史者，因非本国之人，甚至借不雅之字，以寓其诋毁之私。是三史人名，不可不亟为厘定，而示大公之本意也。"②

（二）乾隆帝与《四库全书总目》对儒家纲常伦理的维护

纲常名教是中国帝制时代维护统治秩序的意识形态体系。在编撰《四库全书总目》时，乾隆帝十分强调要以纲常名教为判断典籍价值的标准。乾隆四十年（1775）十一月十六日，乾隆帝在谕旨中说："纂辑《四库全书》，部帙计盈数万，所采诗文别集既多……如宋《穆修集》，有《掺帐记》，语多称颂，谬于是非大义，在所必删。……该总裁等务须详慎决择，使群言悉归雅正，副朕鉴古斥邪之意。"③ 遵照乾隆帝的指示，《总目》对于"离经叛道"之书，"掊击必严"。明末思想家李贽的《藏书》，反对"以孔子之是非为是非"，对正统儒学颇有非议，《四库全书总目》在提要中谴责李贽："排击孔子，别立褒贬，凡千古相传之善恶，无不颠倒易位，尤为罪不容诛。"之所以将其著作列入存目，也是为了"深暴其罪"。

为弘扬忠君思想，乾隆帝要求在《四库全书》中对关羽这样的忠君典

---

① （清）于敏中等：《国朝宫史正续编》，乾隆三十六年十二月十三日，台北：学生书局，1965年，第2567页；《清实录》第19册，《高宗纯皇帝实录》卷八百九十八，乾隆三十六年十二月，第1099页。

② 中国第一历史档案馆编：《纂修四库全书档案》，乾隆四十三年四月初五日，第810页。

③ 中国第一历史档案馆编：《纂修四库全书档案》，乾隆四十年十一月十六日，第474页。

型人物着力尊崇。为此，乾隆四十一年（1776）七月二十六日，乾隆帝专门下了一道圣谕："关帝在当时力扶炎汉，志节凛然，乃史书所谥，并非嘉名。陈寿于蜀汉有嫌，所撰《三国志》多存私见，遂不为之论定，岂得谓公？从前世祖章皇帝曾降谕旨，封为'忠义神武大帝'以褒扬盛烈，朕复于乾隆三十二年降旨，加'灵佑'二字，用示尊崇。夫以神之义烈忠诚，海内咸知敬祀，而正史犹存旧谥，隐寓讥评，非所以传信万世也。今当抄录《四库全书》，不可相沿陋习，所有志内关帝之谥，应改为'忠义'，第本传相沿已久，民间所行必广，难于更易，著交武英殿将此旨刊载传末，用垂久远。其官版及内府陈设书籍，并著改刊，此旨一体增入。"①

在尊崇儒家文化的同时，乾隆帝对儒家之外的佛教、道教著述以及流行民间的词曲等，持以非常挑剔的态度。《四库全书总目·凡例》云："释道外教、词曲末技，咸登简牍，不废搜罗。然二氏之书，必择其可资考证者。其经忏章咒，并凛遵谕旨，一字不收，宋人朱表青词，亦概从删削。其倚声填调之作，如石孝友之《金谷遗音》，张可久之《小山小令》，臣等初以相传旧本，姑为录存，并蒙皇上指示，命从屏斥。仰见大圣人敦崇风教，厘正典籍之至意。是以编辑虽富，而谨持绳墨，去取不敢不严。"②"凛遵谕旨""蒙皇上指示，命从屏斥"等语，说明《总目》对这一类著作的排斥是遵旨行为，而四库馆臣所"谨持"的"绳墨"，则是纲常名教的"绳墨"、乾隆帝之"绳墨"。

（三）乾隆帝与《四库全书总目》反对空疏、注重征实的学术思想倾向

清初为收揽汉族士子，并建立新的思想统治秩序，崇奖朱学，重用、

---

① 中国第一历史档案馆编：《纂修四库全书档案》，乾隆四十一年七月二十六日，第530页。

② 中国第一历史档案馆编：《纂修四库全书档案》，附录二，第2717页。

表彰理学名臣，朱学遂压倒王学成为学术宗主。但程朱之学中蕴含争夺道统的思想因子，为统治者不喜。从康熙朝起，经学以及与此相关的考据学风兴起。乾隆帝对经学更为倡导。乾隆元年（1736）起，乾隆帝即重申"以经学为首重"的祖宗家法。乾隆三年（1738），又倡导天下士子当"究心经学，以为明道经世之本"①。乾隆十二年（1747），清廷重刻《十三经注疏》，乾隆帝撰序曰："嘉与海内学者，笃志研经，敦崇实学，庶几经义明而儒术正，儒术正而人才昌，恢先王之道，以赞治化而宏远猷，有厚望焉。"②乾隆十四年（1749），诏令荐举潜心经学之士。次年，吏部核准保举经学科四十九名。又命方苞、任启运等衷集《三礼》。三十八年（1773）命开馆修《四库全书》。汉学因之大盛，《四库全书总目》的学术批评基调也因此崇汉抑宋，其《凡例》宣称："今所录者率以考证精核、论辨明确为主。庶几可谢彼虚谈，敦兹实学。"后来人称四库馆是乾嘉时期汉学的大本营，而这一学术指向，与乾隆帝的学术取向密切相关。

　　清人洪亮吉曾言："夫伏而在下，则虽以惠君（栋）之学识，不过门徒数十人止矣；及达而在上，其单词只义，即足以歆动一世之士。"③更何况是乾隆帝这样的最高统治者。从这一意义上说，《四库全书总目》的所有价值评价和学术脉络的清理，都根基于乾隆时期的皇家意图，打上了钦定的烙印。王汎森曾把权力对日常的渗透比喻成"毛细血管作用"。《四

---

① 《清实录》第 10 册，《高宗纯皇帝实录》卷七十九，乾隆三年十月辛丑，第 244 上页。

② 《清实录》第 12 册，《高宗纯皇帝实录》卷二百八十六，乾隆十二年三月丙申，第 729 上页；（清）鄂尔泰、（清）张廷玉等：《国朝宫史》卷三十五，《重刻十三经御制序》，北京：北京古籍出版社，1987 年，第 670 页。

③ （清）洪亮吉：《邵学士家传》，《洪亮吉集》第 1 册，《卷施阁文甲集》卷九，北京：中华书局，2001 年，第 192 页。

库全书总目》也同样被这样的"毛细血管作用"所支配，因此，对《四库全书总目》的任何读解，都无法绕开其间的权力作用。这是我们研读《四库全书总目》时必须加以关注和思考的历史前提。

当然，对于《四库全书总目》中乾隆帝的思想控制，也未可加以绝对化判断。《四库全书总目》在撰写过程中，虽然如《总目·凡例》所称："每进一编，必经亲览，宏纲巨目，悉禀天裁。"但也正如姚莹在嘉道年间愤愤不平指出的："圣主万几……岂能一一驳正乎。"故纪昀得以"以四库总裁之权，愚欺天下之人"[①]。姚莹之论虽为泄愤但也包含历史真情。《四库全书总目》中的思想其实是一个色彩斑斓的复合体，其间既包含了乾隆帝的思想，也包含了纪昀与其他《四库提要》编纂官的思想，甚至包含了若干颇具思想深度的议论。

北宋理学家吕希哲（原明）渡桥，舆人坠水，有溺死者。原明安坐桥上，神色如常。此事从南宋起一直受到批评。黄震在《黄氏日钞》卷五十《读史》中指斥说："公习静，至轿卒溺死，不为动。夫子厩焚，伤人之问，恐不其然？"明代张吉在《古城集》卷四《佛学论》中批评说："此而不惧，则七情乃无用之物，临丧可以不哀，临乐可以不乐，凡百应接，心如死灰槁木，寂然无事，岂人之所宜为乎。"乾隆时期的袁枚多次对吕希哲"习静"与"不动心"的故事予以批评。在给程晋芳的信中，袁枚说："黄氏《日抄》称吕希哲习静，其仆夫溺死不知。……宋学流弊，一至于此。恐周孔有灵，必叹息发愤于地下。"在《咏史》一诗中，他再次论及吕希哲的故事："希哲学主静，人死不闻声。……似此称理学，何处托生灵。呜呼孔与孟，九泉涕沾缨。"今人蔡尚思先生曾肯定袁枚"批评得好"，进而评论说，吕

---

① 姚永概：《慎宜轩日记》第 3 册，第 78 页。

原明的"习静"，"是愈'麻木不仁'愈'到家的'，简直等于饭桶、游民、死人、废物"。《总目》中也有对吕原明"不动心"的评论。《四库全书总目〈四书反身录〉提要》言："书中所引吕原明渡桥，舆人坠水，有溺死者。原明安坐桥上，神色如常。原明自谓未尝动心。颙称其临生死而不动，世间何物可以动之？夫死生不变，固足征学者之得力。然必如颙说，则孔子之微服过宋，孟子之不立岩墙，皆为动心矣。且'厩焚'必问'伤人'，'乍见孺子入井必有怵惕恻隐之心'，舆夫溺死而原明安坐不动，此乃原明平时强制其心而流为谿刻之过。颙顾称之为不动，则与告子之不动心何异乎？是亦主持太过，而流于偏驳者矣。"

有论者称四库馆臣有意篡改李颙原著，将"原明安坐轿上"改为"原明安坐桥上"，实为考察未精之误。四库馆臣所见《四书反身录》为康熙二十五年（1686）思砚斋刻本。该版本中《大学》有关文字如下："吕原明晚年习静……自历阳过山阳。渡桥桥坏，轿人俱坠，浮于水面，有溺死者，而原明安坐桥上，神色如常。"可见馆臣并未有意篡改李颙原著，而是有所本、有所依据。更重要的是，四库馆臣举"'厩焚'必问'伤人'，'乍见孺子入井必有怵惕恻隐之心'"的孔孟人本思想与"舆夫溺死而原明安坐不动"相对照，与黄震"夫子厩焚，伤人之问，恐不其然"的反诘遥相呼应，呈现的是对孔子以来儒家重视生命、以人为本的一贯宗旨的继承与发扬。

再如，南宋胡铨因上疏反对秦桧议和而被流放岭南，在当地恋上了一位名叫黎倩的女子。据朝鲜宋时烈《朱子大全札疑》记载，黎倩系有夫之妇，其夫发现了胡铨与黎倩的私情，逼令胡铨食莝豆（草与豆相混的马料），"否者杀之"，胡铨不得已受食莝豆之辱。宋孝宗时，胡铨重被起用，北

归时携黎倩同行。途中，胡铨饮于湘潭胡氏园，微醺中题诗壁上曰："君
恩许归此一醉，旁有梨颊生微涡。"所谓"梨颊生微涡"者，即黎倩。乾
道三年（1167），朱熹宿湘潭胡氏园，见到壁间胡铨题诗，不禁生出"人
心惟危"的感叹，遂作《宿梅溪胡氏客馆观壁间题诗自警二绝》，斥责胡
铨"贪生荳豆不知羞"，更感叹曰："世上无如人欲险，几人到此误平生。"
对于朱熹的指责，袁枚却持不同意见，他在《读胡忠简公传》中尖锐指出：
"从古忠臣孝子，但知有情，不知有名。为国家者，情之大者也；恋黎倩者，
情之小者也。"正是因为有这种真性情，胡铨为国家，不畏诛，不畏贬；
为黎倩，不畏人訾议。朱子对胡铨的责难，不过是"腐儒矜然安坐而捉搦
之"，"甚无谓也"。与袁枚相呼应，四库馆臣也对朱子的批评发出不同
意见："铨孤忠劲节，照映千秋，乃以偶遇歌筵，不能作陈烈逾墙之遁，
遂坐以自误平生，其操之为已蹙矣。平心而论。是固不足以为铨病也"。

在如上评论中，民间的袁枚和官方的《四库全书总目》表达了几乎相
同的看法，联想到戴震力主"遂情达欲"，抗议"以理杀人"，乾隆时期
新义理思潮呼之欲出。还是钱穆最有眼光，早在1947年，他著《论清儒》，
只眼独具地指出：戴震的立场"极平饶，还是同情弱者，为被压迫阶层求
解放，还是一种平民化的呼声"。这种观念"乃乾嘉诸儒之一般意见，而
非东原个人的哲学理论也"。在《四库全书总目》关于"舆人坠水吕原明
不动心"以及"胡铨恋黎倩"的评论中，"乾嘉诸儒之一般意见"正可清
晰看见。因此，以"思想一律"来看待《四库全书总目》，将陷入另一认
知误区。

第四章　《四库全书总目》的版本与流传

第一节　《四库全书总目》四库馆臣写本

一、抄写进呈本

《四库全书总目》的版本，可以追溯到早期的抄写进呈本。现存最早的、也是唯一的进呈本，是收藏在台北"国家图书馆"的《四库全书初次进呈存目》。

《四库全书初次进呈存目》是《四库全书》开馆编修以后，为进呈乾隆帝御览核示，各分纂提要稿的首次汇编成册。它以行楷抄写，线装四十八册，其中经部九册、史部十一册、子部十二册、集部十六册。各册封面均有书签，题"四库全书初次进呈存目"，下注部别与册次。各部首册首叶书眉处浮贴"初次进呈钞录 × 部"签条。抄本今存二千零二十四叶（以双面为一叶计算）。每半叶八行，每行二十一字，版框高 21.8 厘米、宽 15 厘米，四周双边，版心白口，单鱼尾，鱼尾下方标有"× 部 × 类"，形制与后来的《四库全书总目》相同，唯未分卷，无页码，版心亦无"钦定四库全书总目"字样。抄本今钤有"抱经楼"白文长方印、"'国立中央图书馆'收藏"朱文长方印。

《四库全书初次进呈存目》今存提要 1878 篇，包括完整提要 1869 篇，

残篇提要 9 篇。其中，经部 365 篇、史部 425 篇、子部 467 篇、集部 621
篇。有 8 篇提要书名相同，但内容不同，属于一书两篇提要，因此涉及图
书 1870 部。与《四库全书总目》相比，各提要没有"著录"与"存目"
之别，内容稍简略，虽经过了一定的分类编排，但编排尚不够精细，与《总
目》略有出入。

《四库全书初次进呈存目》版面十分洁净，没有做过任何批改，更无
乾隆帝"御批"痕迹。有人据此认为，在进呈预览时可能抄写了不止一部，
此本是当时留存在馆中的一部，所以称"存目"[1]。也有人推测它的名称
并非四库馆原有，而系收藏者自行补题。它产生的具体时间，有"在乾隆
四十年五月至四十一年正月之间"的说法[2]，有"是截至乾隆三十九年七
月为止已进呈部分提要的汇编本"的说法[3]。但不管怎么说，作为《四库
全书总目》的原始版本，《四库全书初次进呈存目》的文献价值是公认的。

二、七阁写本

七阁写本，是四库馆臣抄写的分别陈设于七阁的七种《总目》版本。
它们又有"北四阁""南三阁"之分。

（一）"北四阁"

乾隆四十七年（1782）七月，经过第一次全面改定后的《四库全书总
目》进呈御览。得到乾隆帝的肯定后，质郡王永瑢等在《奏刘权之协同校
办〈简明目录〉可否遇缺补用片》中进一步建议："再，《全书总目》《简

---

[1]　江庆柏等整理：《四库全书初次进呈存目·概述》，北京：人民文学出版社，2015 年。

[2]　夏长朴：《〈四库全书初次进呈存目〉初探——编纂时间与文献价值》，《汉学研究》
第 30 卷第 2 期，2012 年 6 月，第 165—198 页。

[3]　刘浦江：《〈四库全书初次进呈存目〉再探——兼谈〈四库全书总目〉的早期
编撰史》，《中华文史论丛》2014 年第 3 期，第 295—330 页。

明目录》及《考证》各部，现在进呈者只系稿本，应俟发下后，另行赶缮正本各四分，预备陈设。"①当日，乾隆帝谕令"依议"。

永瑢等奏议的"赶缮正本各四分"拟陈设何处呢？就是所谓的"内廷四阁"，或称"北四阁"：文渊阁、文溯阁、文源阁、文津阁。应贮藏《四库全书》的需要，早在乾隆三十九年（1774），乾隆帝就下诏开始兴建藏书楼。乾隆四十一年（1776），文渊阁建成，阁址就在紫禁城东华门内文华殿后，乾隆四十七年（1782）春，第一分《四库全书》入藏。文溯阁位于盛京（今沈阳）故宫，乾隆四十七年秋，第二分《四库全书》开始运抵。文源阁位于北京西郊圆明园内，乾隆四十九年（1784）春，第三分全书装潢贮阁。文津阁地处承德避暑山庄，乾隆五十年（1785）春，第四分全书入藏。

从如上所叙可见，北四阁的建成时间、四分《四库全书》的缮写以及入藏北四阁的时间都是不一样的。与之类似，赶缮的四部《四库全书总目》正本以及它们入藏北四阁的时间也是不一样的。也因此，这几部四库馆臣写本《总目》的面貌也不尽相同。由于历史原因，北四阁所藏《四库全书总目》现仅存不完整的文溯阁、文津阁两种写本。

文溯阁地处东北，近代以来，由于战事频仍、动荡不安，藏书也屡遭辗转。1914 年，文溯阁《四库全书》被运往北京，存放于故宫保和殿。1925 年，又运回沈阳，仍藏文溯阁。1950 年，朝鲜战争爆发，被运到黑龙江讷河县、北安县存放，1954 年运回沈阳。1966 年，因中苏交恶，出于战备考虑又将之运往甘肃兰州。时至今日，文溯阁《四库全书》被完整

---

① 中国第一历史档案馆编：《纂修四库全书档案》，乾隆四十七年七月十九日，第 1605 页。

保存在兰州北山九州台新建的文溯阁《四库全书》藏书楼中。文溯阁《四库全书总目》本应伴随文溯阁《四库全书》不离左右，但情况并非如此。初，文溯阁《四库全书总目》写本入藏后，乾隆皇帝在阅读《四库全书》时，发现了不少触犯禁忌之处，大为恼火，下旨改删，并"著将文渊、文源、文津三阁书籍所有应行换写篇页及装订挖改各工价，均令纪昀、陆锡熊二人一体分赔"①。无奈之下，陆锡熊于乾隆五十五年（1790）带领着翁方纲等一批学者前往东北校书。校完文溯阁《四库全书》后，他把写本《总目》于当年七月二十日带回北京"另缮"。但直到乾隆五十七年（1792）陆锡熊病逝，新缮本仍未送还。时光流逝，清朝覆亡之后，文溯阁写本《总目》被故宫博物院收管。1977 年 7 月 28 日，又由故宫博物院拨付天津图书馆收藏。

现收藏在天津市图书馆的文溯阁写本《四库全书总目》并不完整，仅残存一百四十三卷，卷数分别是：一至二十三、三十五、三十六、三十八至四十一、四十四至四十七、五十至八十、八十二至九十、一百十七、一百十八、一百二十四至一百二十九、一百三十六、一百三十七、一百四十六至一百五十一、一百五十六至一百七十四、一百七十七至二百。写本中钤"文溯阁宝"朱文方印。提要内容与杭州文澜阁原抄本相同，可能为文澜阁原抄本的底本。

北四阁所藏《四库全书总目》除文溯阁写本外，目前还有文津阁写本留存于世，且比较完整。

第四分《四库全书》入藏文津阁后，在承德避暑山庄被静静安放了近

---

① 中国第一历史档案馆编：《纂修四库全书档案》，乾隆五十二年十一月初六日，第 2090 页。

一百三十年。清朝末年，为筹建京师图书馆，清政府允准拨文津阁《四库全书》入京保存。1913 年 12 月底《四库全书》自承德启运，1914 年 1 月初到京，暂存故宫文华殿内，1915 年 9 月由京师图书馆（今国家图书馆）正式接收，保存至今。文津阁《四库全书》是七部《四库全书》中保存最为完整，并且至今仍是原架、原函、原书一体存放保管的唯一一部。它与敦煌遗书、《赵城金藏》《永乐大典》一起，并称为国家图书馆的四大镇馆之宝。

文津阁写本《四库全书总目》与文津阁《四库全书》一道，目前被完好地保存于国家图书馆。文津阁写本《总目》共二百卷，体例较为特别，无卷首。首钤"文津阁宝"，尾钤"太上皇帝之宝""避暑山庄"诸印，朱文。较为遗憾的是，文津阁写本《总目》提要内容极为简括，是介于《四库全书总目》与《简明目录》中间的作品。因此，它虽然完好，影响力却远不及后来的刻本。

与文溯阁、文津阁写本《总目》相比，文渊阁、文源阁写本《总目》的命运就没有那么幸运了。

文渊阁地处宫廷之内，在四阁之中，身份最为尊贵。第一分《四库全书》最先入藏该阁，质量也最优，历史上不同时期的政府一直给予了它充分的重视。1931 年，"九一八"事变爆发，华北局势动荡。1933 年，故宫博物院将文渊阁《四库全书》全部装箱运往上海。其后，又辗转播迁于重庆、南京等地，最后被国民政府运往台湾，现藏于台北故宫博物院。令人扼腕的是，文渊阁写本《总目》却下落不明，不知所终。

文源阁位于圆明园内。咸丰十年（1860），第二次鸦片战争期间，英法联军攻占北京，放火焚掠了圆明园。文源阁写本《总目》与《四库全书》

一起，被入侵者付之一炬，化为灰烬，给世人留下了永久的遗憾。

（二）"南三阁"

《四库全书总目》除了"北四阁"写本《总目》外，还有"南三阁"写本《总目》。

"南三阁"也称"江浙三阁"，包括文宗阁、文汇阁、文澜阁。文宗阁位于江苏镇江的金山寺，建于乾隆四十四年（1779）；文汇阁位于江苏扬州大观堂，建于乾隆四十五年（1780）；文澜阁位于浙江杭州圣因寺，建于乾隆四十七年（1782）。清代江浙两省学人最多，修建"南三阁"一方面是应地方官员的请求，一方面也是为了让《四库全书》"嘉惠艺林，启牖后学"，发挥它应有的文化功能。乾隆四十九年（1784）二月二十一日谕旨称："将来全书缮竣，分贮三阁后，如有愿读中秘书者，许其陆续领出，广为传写。全书本有《总目》，易于检查，只须派委妥员董司其事，设立收发档案，登注明晰，并晓谕借钞士子加意珍惜，毋致遗失污损，俾艺林多士，均得殚见洽闻，以副朕乐育人才、稽古右文之至意。"[①] 乾隆五十五年（1790），续缮的三分《四库全书》陆续颁发南三阁之后，地方官员十分重视，当地士子也以得"读中秘书"为快事，纷纷到阁阅览。江浙三阁一时成为江南地区的图书集聚传播中心。但好景不长，半个多世纪之后，太平天国运动爆发。咸丰三年（1853），太平军攻入镇江、扬州，文宗、文汇两阁连同《四库全书》全部毁于战火，贮藏于其中的写本《总目》同样是片纸未留。

咸丰十一年（1861），太平军攻克杭州，文澜阁在战乱中倾圮，阁书

① 中国第一历史档案馆编：《纂修四库全书档案》，乾隆四十九年二月二十一日，第 1768 页。

流散民间。当地士绅丁申、丁丙兄弟，在买东西时发现商铺包裹东西所用的纸张均为《四库全书》书页，感到非常吃惊，于是立即出资购集，并加以整理保护。在丁氏兄弟及当地人士的努力下，文澜阁《四库全书》得存八千余册。光绪六年（1880），杭州重建文澜阁。为恢复藏书原貌，丁氏兄弟与当地士绅在地方官府的协助下，又发起大规模的补抄活动。从光绪八年至十四年（1882—1888），共补抄缺书两千多种，基本恢复原貌，有的补抄本甚至比四库原本还要好。民国建立后，文澜阁《四库全书》迁入新建的浙江省立图书馆，又经历了两次较大规模的补抄工作，《全书》更为完善。抗日战争爆发后，1937 年 8 月 4 日，阁书被分装 140 只木箱，连同其他善本书一起迁离杭州，先后转存于浙江富阳、建德、龙泉等县，又借途福建、江西、湖南等省，于 1938 年 4 月底运抵贵州，密藏贵阳市北郊地母洞。1944 年 12 月黔境告急，再转迁重庆市青木关。抗战胜利后，1946 年 7 月 5 日，文澜阁《四库全书》在流亡近九年之后，终于返抵杭州，重置于浙江省图书馆。

　　文澜阁写本《四库全书总目》大约于乾隆五十八年（1793）颁发到阁。完整的文澜阁写本《总目》共二百卷，卷首一卷，装订为一百二十五册。它们并非集中存放一处，而是按经、史、子、集置于《四库全书》对应的四部之首。原写本为绢面包背装；经、史、子、集四部，绢面分色调为绿、红、蓝、灰。封面签题"钦定四库全书"，其下小字双行题"×部""总目卷×"，经、史、子、集四部款式相同。每册首钤"古稀天子之宝"（白文），册尾钤"乾隆御览之宝"（朱文），与其他库书无异。原写本每半叶八行，每行二十一字，红格双边，太史连纸，白口，单鱼尾，尾上写"钦定四库全书总目"，尾下写卷次、页码。作为《钦定四库全书》经、史、子、集四部的组成部分，文澜阁写本《总目》应该是与库书一起颁发庋藏的。

同文澜阁《四库全书》一样，文澜阁写本《总目》辗转多地，命运多舛。太平天国战争期间，《总目》散佚。战后归阁，劫后余生的写本《总目》仅存十一册，不足一成。新中国成立后，又收回四册。原写本现计残存十五册二十七卷。卷数分别是：六十四、六十五、六十九至七十一、七十八至八十、一百二十五、一百四十、一百四十八至一百五十三、一百五十六、一百五十七、一百六十二至一百六十五、一百八十三、一百八十五、一百八十六、一百九十五、一百九十六。它们被称为"原抄本"。光绪八年（1882）后，丁丙主持缮写补抄的佚失的部分，世称"补抄本"。它们一起被收藏于今天的浙江省图书馆。

文澜阁写本《四库全书总目》虽非完璧，但它价值极大。经专家考辨，文澜阁原抄本《总目》正是后来浙江杭州刊刻本的底本，借助于浙本的多次印行，它得以广为传布、嘉惠士林。

综上所述，《四库全书总目》的七阁写本中，留存于世的仅有文溯阁、文津阁、文澜阁三种。其中文溯阁与文澜阁的提要内容基本相同，但原本都已不完整；文津阁写本虽完整，但提要内容极简。其余四阁写本，文源阁、文宗阁、文汇阁均毁于战火，文澜阁写本则去向不明。

三、稿本

七阁写本《总目》入库贮存，《总目》编撰工作并未因此而结束。与此前后，《总目》仍处于持续修改中。留存到今天的，还有此一时期出现的几种《总目》稿本。所谓"稿本"，是指原为著者所使用的自己著作的底本。现存《总目》稿本，主要有五种，它们的共同特点是：残缺不全（故又称"残稿"），书中都存在着大量的增删修订痕迹，属于总纂官纪昀等人修改时所使用。从广义上讲，稿本、抄本都属于写本。写本虽未经制版刷印，但它同样属于版本学的研究范畴。而且，由于从稿本中循修订之处可以看出作者的思想意图，所以稿本的版本价值反而更珍贵。《总目》的几种现存稿本即是如此。

第一种《总目》稿本现藏于上海图书馆。该稿本残存二十四册，一百二十三卷。其中经部四册、史部四册、子部十册、集部六册。书名卷端题"钦定四库全书总目"，书口也有。纸张用统一格纸，每半叶九行，每行二十字不等。文字均用工楷誊写，字体不一，当为数人所抄。卷首钤"贞寿堂邵氏所藏"朱文长方印记。书背上方书有"经部×""史部×"以示册数。残存的卷数分别为：一、三、六、十一至十四、十六、十九、二十、二十二至二十五、二十七、二十八、三十二、三十四至三十八、四十至四十四、五十四至五十六、六十二至七十二、七十四至七十七、九十一、九十三至一百九、一百十一、一百十三、一百十五、一百十六、一百十八、一百十九、一百二十一至一百二十三、一百三十五至一百三十七、一百三十九至一百四十二、一百四十六至一百五十八、一百六十、一百六十一、一百六十三、一百六十四、一百六十六、一百六十八、一百七十至一百七十六、一百七十八、一百八十至一百八十六、一百八十九至一百九十三、一百九十五、一百九十八至二百。

上海图书馆残存的《总目》稿本，行间多有删改添补的笔迹，或墨笔，或朱笔，非出一人之手。这些改动中，有纪昀修改的"法家类"小序、"孝经类"按语和《提要》数十篇；有陆锡熊附纸重拟的《辨言一卷》提要；还有张羲年附纸重拟的《东南纪闻》提要、《金管集》提要等等。更多的笔迹则难以辨认，不知出自何人之手。改动前的文字，与文溯阁书前提要多有相同。改动后的文字，多被录入后来的《总目》定稿本之中。除了改动，还有数十篇提要以墨笔大批"删""去""毁""烧毁"等字样，大多为史部、集部存目中万历以后至清初人著述，后来的《总目》定稿本均未收录。

上海图书馆《总目》稿本产生的时间，崔富章教授研究认为，在"乾隆四十七年至五十三年间"[1]。刘浦江教授在此基础上进一步研究认为："上图稿本的修订时间当在乾隆四十六年二月至四十七年七月之间。"[2] 也就是说，此稿本是乾隆四十六年（1781）二月进呈的《总目》初稿，纪昀等人以此为基础进行的修改，时间不晚于乾隆四十七年（1782）七月。乾隆四十七年七月十九日再次进呈御览的《总目》修订稿，应该就是遵照现存上图的《总目》稿本修改意见誊抄的。

现存第二种《总目》稿本，收藏于国家博物馆。此稿本系 1961 年自北京琉璃厂一书贾处购得，三册十六卷，卷次分别为：四十九至五十三、七十九至八十七、八十九至九十。内容均属史部。版式半叶九行，行二十一二字不等，四周双边。书口题"钦定四库全书总目 × 部 × 卷"及页码，卷端书"钦定四库全书总目卷 ×"。纸张多为绿格绵纸，少量为红格绵纸。每册卷首钤有收藏印四方："南通冯氏景岫楼""冯雄印信""宜秋馆藏书""振唐鉴藏"，另有一册卷末钤"丰城欧阳恬昉所藏"印一方。

该稿本以工楷抄录，有朱笔圈点。稿本中的批语有眉批、签批、侧批等多种形式，据专家考证，多是出自纪昀手笔。稿本的书款格式，与上海图书馆所藏残稿完全相同，并且卷次互不重复，再加上两种稿本的天头部

---

① 崔富章：《〈四库全书总目〉版本考辨》，《文史》第 35 辑，1992 年 6 月。

② 刘浦江：《四库提要源流管窥——以陈思〈小字录〉为例》，《文献》2014 年第 5 期，第 3—13 页。

分都被切去部分，眉批已失全貌，因此被认为是同一部稿本的不同部分。

第三种《总目》残稿，现藏于台北"国家图书馆"。此稿本一册，不分卷，由《总目》史部卷四十五至四十九诸卷零叶杂凑而成，共四十一叶，存提要四十篇。封面题"钦定四库全书总目稿本一册，朱墨笔改削是纪晓岚先生手迹。彊斋题记"，乃藏书家冯雄所题。首叶还有冯雄题跋。稿本版框高 21.4 厘米，宽 15.3 厘米，四周双边，每半叶九行，行二十一字。版心花口，上方题"钦定四库全书总目"，其下记卷次、部名、类名，再下记叶次。

书稿中朱墨涂乙痕迹颇多，非出一人之手，内有浮签若干，书页之上间有眉批。与国家博物馆的《总目》稿本一样，此本天头亦被切去一部分，眉批已难窥全貌。其所存卷次，正好与上图、国博所藏稿本不相重复，互为补充。更为关键的是，此稿本与国博残稿一样钤有"丰城欧阳恬昉所藏""宜秋馆藏书""振唐鉴藏""南通冯氏景岫楼藏书""冯雄印信"诸印签。识者由此判断，"这三部稿本原为同一稿本，在流传过程中分散、重装"，"应为乾隆四十六年二月进呈的《总目》初稿"，"抄成于乾隆四十六年二月，修定完成于四十七年七月以前"[1]。

另外，据崔富章《〈四库全书总目〉版本考辨》一文介绍，辽宁省图书馆亦藏有《四库全书总目》稿本一卷（卷一百三），与上述上图、国博、台图残稿似是同一部而散开者。

第四种《总目》稿本，现藏于天津图书馆。它是 1977 年 7 月 28 日与文溯阁写本《总目》一起，由故宫博物院拨交过去的。此稿本线装六十

---

[1] 苗润博：《台北"国家图书馆"藏〈四库全书总目〉残稿考略》，《文献》2016 年第 1 期，第 35—46 页。

册，残存七十九卷。卷首圣谕、御制诗文七卷，凡例一卷，目录一卷。正文七十卷，其中经部十七卷、史部九卷、子部十七卷、集部二十七卷。卷数分别是：三、六至八、十至十四、十六、二十三、二十四、二十六至二十八、三十七、四十四、四十八至五十、五十三至五十五、七十四、七十五、七十七、一百十八至一百二十四、一百三十至一百三十九、一百四十八、一百四十九、一百五十一、一百五十二、一百六十至一百六十四、一百六十八、一百七十一、一百七十八、一百八十至一百八十五、一百八十八至一百九十六。此稿本每半叶九行，行二十一字，四周双边。朱丝栏，单鱼尾，鱼尾下依次为部类名称及卷次、页码。上书口镌"钦定四库全书总目"。版框高 21.7 厘米，宽 15.5 厘米。有少数书衣粘贴有黄书签，大多没有书签。

天津图书馆的《总目》稿本，全面吸收了上图、国博、台图所藏稿本中的修改意见，但也存在少量差异，并非直接的承继关系。它的篇次，与最终刊行的浙本、殿本已基本一致。较新的研究认为，天图稿本"很可能是乾隆五十一年为刊刻《总目》而抄缮的一个清本，是专供纪昀等总纂官根据它来审读刻本清样时使用的，故上面留下了若干针对刻本而提出的校订意见"，因此，"抄写年代确定为乾隆五十一年"[①]。

稿本中的修改，一是使用裁割贴补的方式，将需要修改的内容或整叶、或半叶、或多行、或一行给裁割掉，然后以补写好的书叶贴到空缺处；二是在原文中以墨笔删削批校，或书于行间，或批于眉端。经笔迹鉴别，校改删削乃纪昀所为。修改的内容，一种是总纂官审定乾隆五十一年

①　刘浦江：《天津图书馆藏〈四库全书总目〉残稿研究》，《文史》2014年第4辑，第163—184页。

（1786）刻本清样时提出的校订意见，另一种是乾隆五十三年（1788）以后纪昀等人在天图稿本上所做的进一步修改。乾隆五十二年至五十三年（1787—1788）纪昀率员对文渊阁、文源阁、文津阁三阁《四库全书》进行了初次复校工作（文溯阁《四库全书》是陆锡熊在乾隆五十五年复校的），天图残稿的修改大约与这次库书复校有关。它的完成时间，应不晚于乾隆五十六年（1791）第二次复校工作开始。

第五种《总目》稿本，现藏于国家图书馆。原本二百卷，现存六十三卷。线装四十八册，其中经部十三册凡十八卷，史部十七册凡二十四卷，子部五册凡七卷，集部十三册凡十四卷。卷数分别是：一、二、四、五、九、十七至二十二、二十五、二十九、三十八至四十一、四十五至四十七、五十一、五十二、五十六至七十三、七十六、一百十七、一百二十六至一百二十九、一百四十一、一百四十二、一百五十、一百五十六至一百五十九、一百六十五、一百六十六、一百七十三、一百七十五至一百七十七、一百八十六、一百八十七、一百九十七。

收藏于国家图书馆的这个稿本，封皮纸较薄，白丝线装订，略简易于文溯阁本。卷端题"钦定四库全书总目"，无目录、卷首、凡例诸项，卷一开始即经部总叙。每半叶九行，每行二十一字。有红圈断句。黄色栏线，版心白口，单鱼尾，鱼尾之上为"钦定四库全书总目"，鱼尾之下为部名、类名、页码、卷数等。今钤"北京图书馆藏"印记。有些册内，夹有黄绸签条。

在稿本的原文上，有四库馆臣的大量批改笔迹。他们或直接删去原文，在旁边行间写出修改文字；或将修改文字写在天头地脚；又或粘一张纸条，将修改文字写在纸条上。经对比，稿本原文同杭州文澜阁写本内容基本相同，而修订部分则与后出的武英殿刊本极其相合。因此，此修订稿被认为是乾隆六十年（1795）武英殿刊刻本《总目》的底本。更具体地说，这个稿本是乾隆五十七年（1792）五月第二次复校北四阁库书完工之后，纪昀等人对《总目》作相应修改，最后磨勘，一直到乾隆六十年九月乾隆帝逊位前夕的修订稿本。它是介于杭州文澜阁原抄本与武英殿刊刻本中间的一个本子。这个本子向我们展现了纪昀等人最后删改提要稿的实况，涂乙增订，类多精审，其成果最后为殿本所吸收。

以上，是现存五种《总目》稿本的情况，由于前三种被公认为出自同一稿本，因此这五种稿本也可以看成是三种。

第二节 《四库全书总目》殿本系列及其流传

乾隆六十年十一月，《四库全书总目》由武英殿刊出。有关这一重要史实，在乾隆六十年十一月十六日原户部尚书曹文埴奏刊刻《四库全书总目》竣工刷印装潢呈览折中，记载得很清楚。兹引录于下：

> 臣曹文埴谨奏，为刊刻《四库全书总目》竣工，敬谨刷印装潢，恭呈御览事。
>
> 窃臣于乾隆五十一年奏请刊刻《四库全书总目》，仰蒙俞允，并缮写式样，呈览在案。续因纪昀等奉旨查办四阁之书，其中提要有须更改之处，是以停工未刻。今经纪昀将底本校勘完竣，随加紧刊刻毕工。谨刷印装潢陈设书二十部、备赏书八十部，每部计十六函，共

一千六百函，恭呈御览。其版片八千二百七十八块，现交武英殿收贮。

再，纪昀曾知会臣于书刊成之日，刷印四部，分贮四阁，兹一并印就，请饬交武英殿总裁照式装潢，送四阁分贮。查是书便于翻阅，欲得之人自多，亦应听武英殿总裁照向办官书之例，集工刷印，发交京城各书坊领售，俾得家有其书，以仰副我皇上嘉惠艺林之至意。伏祈睿鉴。谨奏。①

在这份奏折的后面，乾隆帝朱批："知道了。"一个半月之后，也即嘉庆元年（1796）正月初一，乾隆帝正式禅位。"陈设""备赏"云云，徒具空文，百部大书从此深锁内府，随历史风云之变幻而自生自灭，留存至今不过五六部。

严格来说，乾隆六十年（1795）武英殿刊印的《总目》才是殿本的开端。

武英殿位于紫禁城内太和殿西侧的熙和门与西华门之间，与东侧的文华殿构成左辅右弼之势，为明初所建。明末农民起义首领李自成曾在此殿登基，但于次日即撤离北京。康熙十九年（1680）武英殿开始作为清朝的宫廷修书之所，初称武英殿造办处，隶属于内务府，专司内府书籍的缮样、刊刻、刷印与装潢。雍正七年（1729）改为修书处，直到清末。作为宫廷御用出版机构，武英殿修书处在整个清代刊行各类殿本书籍达五百四十四种，五万八千多卷，且用料考究，质地精良，《总目》是其中的一种。

殿本《总目》共二百卷，卷首四卷，一百二十册。雕版印刷。封面题签"钦定四库全书总目 × 部卷 ×"。卷首四卷：一、圣谕；二、进表、

① 中国第一历史档案馆编：《纂修四库全书档案》，乾隆六十年十一月十六日，第 2374—2375 页。

职名；三、凡例；四、门目。卷端题"钦定四库全书总目卷一"，次行缩进一格"经部总叙"，三行缩二格为叙文，四行缩一格"经部一"，五行缩二格"易类一"，六行缩三格为易类小序，七行顶格题"子夏易传十一卷"，八行缩进二格入《提要》正文。每半叶九行，每行二十一字，四周双边，白口，单鱼尾，版口镌书名、卷数、部类、页码，有横线①。殿本《总目》，在今天的国家图书馆仍有收藏。

初次刊刻的殿本《总目》数量不多。在前引奏折中，曹文埴向乾隆帝建议："查是书便于翻阅，欲得之人自多，亦应听武英殿总裁照向办官书之例，集工刷印，发交京城各书坊领售，俾得家有其书，以仰副我皇上嘉惠艺林之至意。"或许因为乾隆帝的退位，最后并没有"集工刷印"，更没有"发交京城各书坊领售"。因此，殿本《总目》虽然历经多次修改，最为成熟，但传播面却极为有限。

一百年后，也即在光绪二十年（1894），福建增刻《武英殿聚珍版书》。在此过程中，殿本《总目》被一同翻刻。这次翻刻的殿本《总目》仍为二百卷，卷首四卷，一百二十册。封面题签"武英殿聚珍版书"，扉页题"钦定四库全书提要"，镌"光绪甲午增刊"牌记。内容首为《御制题武英殿聚珍版十韵》（有序），次为"钦定四库全书总目卷首"（四卷），然后依次是经部总叙、"经部一""易类一"、易类小序、提要。每半叶九行，每行二十一字，四周双边，白口，单鱼尾，尾上镌"钦定四库全书总目"，尾下镌"卷×""×部""×类"，最下标页码。在今天浙江省图书馆所收藏的这个版本中，每卷首页钤"镏氏承幹"（白文）、"南林刘氏求

---

① 崔富章：《〈四库全书总目〉版本考辨》。本章的写作参考了崔富章教授的诸多研究成果，特此说明并致谢。

恕斋藏"（朱文）篆文方印，系湖州南浔刘氏嘉业堂藏书楼旧物。

福建翻刻未久，光绪二十五年（1899），广州的广雅书局重刻《武英殿聚珍版书》，也一同翻刻了殿本《总目》。仍为二百卷，卷首四卷，但装成一百册。扉页镌"钦定四库全书总目"，次"钦定四库全书总目卷首一"（卷首共四卷：一、圣谕；二、进表、职名；三、凡例；四、门目），卷端题"钦定四库全书总目卷一"，每半叶九行，每行二十一字，四周双边（粗框），白口，单鱼尾（尾上镌"钦定四库全书总目"，尾下镌卷次、页码）。书根印"武英殿聚珍版全书 钦定四库全书总目易类"。书末有光绪乙未傅以礼跋，称："此本系就丰顺丁氏所藏聚珍原印本（实际为武英殿刊本）重锓，以补闽刻所未备，曾偕孙壻尹星华，拟共荟萃细绎，胪叙异同，为校勘记，以兹事体大，未容草草卒业，谨先据浙本增入《谕旨》一道，乃乾隆五十五年所颁者，此本印行在先，自不载；唯《表》尾偶缺诸臣职名，并依浙本补镌，即此亦足为各本互异之一证焉。"广雅书局刊本《总目》，版式大于福建刊本。今中国科学院图书馆有收藏。

殿本《总目》虽然在19世纪末被福建、广雅书局先后翻刻，但因是与《武英殿聚珍版书》一起刊行，价格较为昂贵，所以流传范围仍旧极为有限。

又过了近百年，1983年6月，台湾商务印书馆缩印文渊阁藏武英殿刊本《总目》予以发行，此即台湾商务版《总目》。该书首为《弁言》，次为《门目》（排印，一一注明影印本册次、页码），然后是原刊本影印。从封面签条至卷尾，版框、版口，悉存原貌。文渊阁藏本每册首钤"文渊阁宝"，尾钤"乾隆御览之宝"（影印时未套色）。卷末附《四库抽毁书提要》九篇（排印）。最后编印四角号码索引和笔画部首索引，均含书名、著者两种，检索非常方便。台湾商务版《总目》是殿本《总目》的首次影印出版，它的底本，正是纪昀关照分贮北四阁的武英殿刊本。

台北影印殿本《总目》不久，1989 年上海古籍出版社也缩小影印了武英殿刊本，版面缩至四分之一，版式、内容没有变化。置于影印《四库全书》之首。上海古籍版题名"钦定四库全书总目"，共五册，后附抽毁书提要及索引。

同前面福建、广雅书局翻刻殿本《总目》时与《武英殿聚珍版书》一起发行一样，台湾商务印书馆、上海古籍出版社影印殿本《总目》时，是伴随特大丛书《四库全书》一起发行的。这种大型丛书只有图书馆等公共事业单位能够购置收藏，普通求学者根本无力支付，也难得一睹真容。因此可以说，殿本《总目》虽然学术水平较高，但传播管道自始至终不够畅通，总是局于一隅，锁在深闺无人识，学界倾慕于其名，对它的研究和利用却极为有限。

1997 年，中华书局整理出版简体横排本《四库全书总目提要》，殿本《总目》流通不畅的局面，有了根本的改观。中华书局的这次整理，以殿本为底本，浙、粤本为参校本，广泛收集研究《总目》诸家成果，以页下注的形式散入各条，然后对全书施以现代标点，便于各方面读者阅览使用。

中华书局所出的这个整理本，封面题名仍为《钦定四库全书总目》。书前除了列出工作人员名单，还附了三张彩图，分别是《清高宗弘历》《四库全书总纂官纪昀》《文渊阁外景》。目录之前，有李学勤所作《序》；目录之后，先是《整理凡例》，然后是卷首、正文，均为简体横排。每部类的总叙、小序各独占一页。正文页码标于页眉之上，页下附以脚注。为方便读者检索，书后附录书名、著者姓名两套索引。最后还附有《〈钦定四库全书总目〉研究论著》《后记》。第一版第一次印刷了五千套，满足了普通大众对殿本《总目》的需求。

上世纪 90 年代，殿本《总目》伴随文渊阁《四库全书》原文及全文检索版的出现，还出现了两种电子版。第一种电子版由济南开发区汇文科技开发中心制作，武汉大学出版社 1997 年出版；第二种电子版由香港迪志文化出版有限公司制作，上海人民出版社 1999 年出版。前者多被称为"武汉大学版"，后者多被称为"香港迪志版"。称它们是《总目》电子版，其实更准确地说应该是文渊阁《四库全书》电子版，《总目》内容只是在《四库全书》电子版的检索范围之内。两种电子版中，武汉大学版采用图像方式存储文献资料，保存了原书的风貌；香港迪志版则有图像标题检索版、全文检索版等，其全文版功能更强大（又有单机版与网络版之分），能提供字词、书名、篇目、著者或综合条件检索，并提供全文文本与原文图像对照。这两种电子版是四库文献与信息技术的首次结合，它让学者独坐书斋即可遨游书海。因此，自研制出版以来，传播较广，影响较大。另外，网上也有 DJVU 与 PDF 格式的殿本《总目》电子书，都是根据台湾商务版的影印本制作，比较方便专门研读殿本《总目》者使用。

2004 年，殿本《总目》又有线装本问世。这是鹭江出版社影印的文渊阁《四库全书》线装本一部分。鹭江出版社影印线装本，大 8 开，较原书缩小 8 倍，首次以手工宣纸线装形式出版。整部《四库全书》，限印三百套，编号发行。原《四库全书》只有《总目》，每册没有分目，新版线装本为方便查阅，在保留原书《总目》的基础上，还编排了分册目录。

以上，是殿本《总目》的九种版本及流传情况。

第三节 《四库全书总目》浙本系列及其流传

所谓浙本《总目》，也就是浙江杭州刊刻本，又被称为杭本、杭州小字本、袖珍本，还有人误称为扬州小字本。它是乾隆五十九年至六十年（1794—1795）以杭州文澜阁写本《总目》为底本刊刻而成。

浙本《总目》共二百卷，卷首一卷。一百册。扉页镌"钦定四库全书总目提要"；其次为"钦定四库全书总目卷首"，包括圣谕三十三叶，表文十四叶，职名二十二叶；然后是"钦定四库全书卷首"凡例十三叶；然后是"钦定四库全书总目"门目三十五叶。卷端题"钦定四库全书总目卷一"，先经部总叙，次易类小序，次入提要。每半叶九行，每行二十一字，左右双边，白口（上镌"钦定四库全书总目卷×"，中镌×部×类，下为页码）。今浙江省图书馆有收藏。藏本钤"陈绳斋所读书""陈昌治印""字曰君理""萝门别业"诸印记，自首至尾朱笔断句，盖系清代广东文人、书商陈昌治（绳斋）所为。

浙刻本《总目》有初印、后印之别，最明显的标识是卷三《郭氏传家易说》十一卷，初印本误作"家传"，续印时已挖改之。浙江图书馆所藏刻本《总目》为太史连纸，为避嘉庆皇帝名讳（嘉庆皇帝本名永琰，后改为"颙琰"，于乾隆六十年九月被正式宣布为皇太子，定为接班人），印本中的"琰"皆改作"琬"，所以此藏本为嘉庆年间印本。

乾隆六十年（1795），当浙本《总目》刊成之时，阮元由文渊阁直阁事调任浙江学政，为此作了一篇《恭纪》，附于书后，相当于跋文。文中云："《四库》卷帙繁多，嗜古者未及遍览，而《提要》一书，实备载时、地、姓名及作书大旨。承学之士，抄录尤勤，毫楮丛集，求者不给。乾隆五十九年，浙江署布政使司臣谢启昆、署按察使司臣秦瀛、都转盐运使司臣阿林保等，请于巡抚兼署盐政臣吉庆，恭发文澜阁藏本，校刊以惠士人。贡生沈青、生员沈凤楼等，咸愿输资，鸠工葳事，以广流传。六十年，工竣。学政臣阮元本奉命直文渊阁事……兹复奉命视学两浙，得仰瞻文澜阁于杭州之西湖，而是书适刊成。士林传播，家有一编，由此得以津逮全书，广所未见，文治涵濡，欢腾海宇，宁有既欤！"① 阮元的这篇跋，简明地记录了浙本《总目》诞生的情况，包括刊刻缘起、刊刻时间、领导者、襄助者、产生的作用与影响等，为后人留下了珍贵的原始资料，是研究浙本《总目》不可不读的文字。根据阮元文中所说，他于乾隆六十年（1795）十一月初到浙江学政任上时，"是书适刊成"，浙本《总目》刊竣的时间不晚于乾隆六十年十月。而殿本《总目》刊竣装潢、呈送御览的时间是乾隆六十年十一月十六日。也就是说，浙本《总目》的刊竣时间早于殿本《总目》，它是《四库全书总目》的第一种刊刻本。

近百年来，人们多认为浙本出自殿本，是殿本的翻刻。这种说法，流传甚广，几成定论。近年来，浙江大学崔富章教授经过详细考证发现，乾隆五十九年至六十年（1794—1795）浙江刻本的底本乃颁发文澜阁庋藏的四库馆缮写本②。文澜阁写本《总目》一百二十五册原以经、史、子、

---

① 《四库全书总目》卷末《阮元附纪》，第 1837 页。
② 崔富章:《〈四库全书总目〉武英殿本刊竣年月考实——"浙本翻刻殿本"论批判》，《浙江大学学报》（人文社会科学版）2006 年第 1 期，第 104—108 页。又见崔富章：《〈四库全书总目〉传播史上的一段公案——从傅以礼的〈跋〉谈起》，《文史知识》2007 年第 12 期，第 44—49 页。

集分置于文澜阁《四库全书》各部之首，时至今日，原写本《总目》仅存二十七卷，将之与浙刻本对校，内容竟然一一吻合，唯行款稍异（抄本每半叶八行，行二十一字；刻本每半叶九行、行二十一字，其中，卷八十九第十六、十七两叶为八行）。据此推断，文澜阁写本才是浙本的源头。

浙本《总目》与殿本《总目》存在着一些明显的区别。首先，殿本卷首部分被析为四卷，浙本卷首为一卷。其次，为避即将继位的皇太子颙琰名讳，殿本中"琰"字略去最后一笔，浙本将"琰"字改刻为"琬"或"炎"。再次，殿本《总目》卷首圣谕有二十一条，浙本《总目》卷首圣谕有二十五条。浙本与殿本相比，少了《乾隆三十八年八月二十五日奉上谕》一条，多出了《乾隆三十八年二月二十一日奉旨》《乾隆三十八年二月二十八日奉旨》《乾隆四十二年八月十九日奉旨》《乾隆四十三年五月二十六日奉上谕》《乾隆五十五年六月初一日奉上谕》五条。最后，从提要内容上看，因为殿本依据的底本——今国家图书馆所藏六十三卷本之原本，是在浙本的底本——今浙江图书馆所藏文澜阁写本的基础上，又进行了大量修改、仔细磨勘，所以殿本比浙本更为简明、平实、典雅，亦更为成熟。

浙本与殿本还有一大不同。殿本《总目》诚如前述，在历史上的传播有限，影响不广。而浙本《总目》却是"士林传播，家有一编"。其原因一在刊本及早印行；二是因为江浙一带学风昌盛；三是江浙民营书商力量较强。借助于这些因素，浙本在《总目》传播史上独领风骚二百年。

同治七年（1868），浙本《总目》经广东书局重刻，发展出《总目》的另一大传播体系——粤本。

宣统二年（1910），上海存古斋以浙刻后印本为底本，石印出版了

《四库全书总目》。这个版本，浙江图书馆现有收藏。二百卷，卷首一卷，三十二册。封面题签"钦定四库全书总目提要"，扉页同，背面镌"宣统庚戌存古斋重印"牌记。首"钦定四库全书总目"（门目），次"钦定四库全书总目卷首"（圣谕、表文、职名），次"钦定四库全书卷首"（凡例），卷端题"钦定四库书全书总目"，次行低二格"卷一""经部总叙"，书名下空二格接提要，书名、提要皆顶格。每半叶十九行，每行四十四字，左右双边，白口。石印本不是翻刻本，乃缩影上石（或剪辑后摄影）印本，可视为广义的影印，与刻版印刷属于不同的版本类型。存古斋石印本以乾隆六十年（1795）浙刻后印本为底本，一行行剪开，接行拼页，缩小制版石印。但此次石印，把原书中的卷八十九第十八叶与卷九十第十八叶错置移位，造成了《世史积疑》等四篇提要相杂糅的现象。

存古斋石印本刊行十多年后，民国十五年（1926），上海东方图书馆将此书重印。此次的重印本，今浙江大学图书馆有收藏。共三十二册。扉页题"四库全书总目提要""东方图书馆发行"，背面题"丙寅年重印存古斋藏版"。其他方面皆同于存古斋石印本。

同年，上海大东书局石印出版浙本《总目》。此本仍二百卷，卷首一卷（附《未收书目》）。陈乃乾校阅。扉页章炳麟题"四库全书总目提要附未收书目五卷索引三卷"，并有"民国十五年秋七月上海大东书局印行"牌记。此版本有三种装帧形式：第一种，连史纸，四函四十册；第二种，连史纸，精装本八册；第三种，有光纸，四函四十册。书前《重印四库全书总目缘起》云："坊间流传有武英殿本、杭州刻本、粤东刻本及近年石印本。石印本向称漱六山庄本最善，然错简脱文，比比皆是，则精校覆印为急务矣。"文中没有交代所依据的底本。经查对，该书卷七十以上系以乾隆六十年浙刻初印本为底本，卷七十一以下又取同治七年（1868）广东书局重刊本为底本，制版石印。每半叶十九行，每行四十五字。此次石印，纠正了此前粤本石印中出现的页码错倒现象。书后的《索引》三卷，海宁陈乃乾编，依著者笔画为序排列。今浙江图书馆有藏本。民国十九年（1930）春三月，大东书局予以再版。再版时全四十四册，精装本十册。再版附录有《总目索引》《全毁书目》《禁书总目》《书目表》《违碍书目》。

民国二十年（1931），上海商务印书馆出版了铅印本《四库全书总目》。此本以乾隆六十年（1795）浙刻后印本为底本，系《总目》传播史上第一次铅字排印。题名"四库全书总目提要"。全书二百卷，卷首一卷。装订为四十册。就像一本本薄薄的小册子，很方便携带阅读。书末并附有用四角号码排列的书名、人名索引。此版本《总目》属于王云五主编的《万有文库》第一集一千种，被列为《国学基本丛书》之一，后来曾多次印行，流传较广。1933 年 7 月，商务印书馆曾将此版本精装四册印行，仍题名"四库全书总目提要"。扉页有牌记："本书系用万有文库版本印行，原装分订四十册，每册页数各自起讫，今改装四大册，于每页中缝原有页码之下加印全书总页码，书后并附四角号码索引以便检查。"

1971 年 7 月，台湾商务印书馆重印了民国铅字排印本《总目》。题名《合印四库全书总目提要及四库未收书目禁毁书目》，精装为五册。书前有王云五所作序，讲述了重印、合印之缘起。书后附有用四角号码排列的书名、人名索引。1978 年 12 月，此本又出了增订二版。

1965 年 6 月，中华书局拼缩影印《四库全书总目》。全书二百卷，卷首一卷，精装一巨册，重印时又分装为二册。书前有影印组《出版说明》一篇，然后是《门目》（排印），卷首以下皆据浙本缩小影印。由王伯祥断句。卷末除了《阮元附纪》，还附录四种：1.《四库撤毁书提要》：南北史合注、南唐书合订、闽小纪、国史考异、读画录、书画记、印人传、书影、历代不知姓名录等九篇。2.《四库未收书提要》一百七十条，阮元等撰，其子阮福于道光间辑刻为《揅经室外集》五卷，此附录据以缩小影印。3.《四库全书总目校记》三百三十条。4.《四库全书总目书名及著者姓名索引》，依四角号码顺序排列。

此版本以乾隆六十年（1795）浙刻初印本为底本，把版口、边框剪掉，并九叶为一叶，每半叶分上、中、下三栏，每栏纳浙刻原版三面。说它是影印，实际上已不属于严格意义上的古籍影印，因为原本的版刻风貌已基本丧失。但是，由于拼接过程中没有出现漏失、错位现象，所以缩印后的文字内容仍然保留了原版式样。这种拼接缩印是对古籍影印的新创造，它把大型古籍影印成较小的版式，方便阅读使用，适应了新时代的需要。正因为如此，1965年的中华本《总目》出版之后，深受读者欢迎，至今已重印十次，发行三万多部，是《总目》传播史上发行量最大、影响最广的一个版本。

但是，正因为1965年中华本《总目》的广泛传播，其《出版说明》中"浙本据殿本重刻"一说亦误传甚广。文中称："《总目》过去有几个比较主要的刻本，即武英殿本，浙江杭州本，同治七年（1868）的广东本。浙本据殿本重刻，校正了殿本的不少错误。粤本以浙本为底本覆刻，个别字句又据殿本校改，但同时又沿袭了殿本之误。浙本当然还留有不少错字，但比较起来错字较少，因此这次我们用浙本作底本，参用殿本和粤本相校，作校记附后。"浙本的真正来源，前文已讲，不再赘述。

1999年5月，海南出版社出版了简体排印本《四库全书总目提要》。此版本以浙本为底本、殿本为校本，对《四库全书总目》进行了整理，并对有讹误的提要以页下注形式出校记校正。一版一印五千册，至今未再版。

2000 年，河北人民出版社以中华书局 1965 年影印本为底本，出版了新校订本。题名《四库全书总目提要》，二百卷。卷首一卷，依次为圣谕、表文、职名、凡例。卷末有《阮元附纪》、附录一《四库撤毁书提要》、附录二《四库未收书提要·擎经室外集》。四册装，32 开，胶版纸。使用新式标点，横排简化字。对原书中的一些明显错讹，此本予以直接改正，并出校记，对若干需要进一步说明的地方则加上按语。原书为清圣祖玄烨、清世宗胤禛、清高宗弘历等名字避讳，此整理本一律复原。原书对《辽史》《金史》《元史》《明史》等史书中的少数民族人物给予新译名，与原史书不合，令人读后有不明所指之疑。此本为方便读者，特恢复其旧有名称。这是此版本的一些独有的特色。

以上，是浙本《总目》的九种版本及流传情况。

第四节　《四库全书总目》粤本系列及其流传

同治七年（1868），广东书局以浙本为底本重刻《四库全书总目》，同时又据殿本校改，是为粤本之开端。

广东书局刊粤本《总目》共二百卷，卷首一卷，一百二十册。封面签题"钦定四库全书总目卷首圣谕""表文""职名""凡例"，扉页题"钦定四库全书总目"，"同治七年广东书局用扬州本重刊"。开卷为"钦定四库全书总目卷首"，含圣谕、表文、职名、凡例等，页码各自起讫，书口刊

"卷首"二字。卷首之后为"门目"。进入正文,卷端题"钦定四库全书总目卷一",先经部总叙,次易类小序,然后是提要。每半叶九行,每行二十一字,左右双边,白口,版式与浙本相同。每卷末载初校、覆校人姓名,全书之末隔二行镌"广东省城富文斋、萃文堂、聚珍堂承刊"。末附阮元《恭纪》文一篇。现国家图书馆、浙江省图书馆等有多部藏本。

广东书局刊粤本《总目》据浙本重刊,扉页所题"同治七年广东书局用扬州本重刊"实际是一种误记,刻书者误读了浙本后附的阮元跋文,把浙本当作了扬州刻本。今见浙江图书馆所藏粤本《总目》,已经删去"用扬州本"四字,改成了"同治七年广东书局重刊"。此藏本扉页钤"御赐敦彝庸慧"龙印,右下钤"粤东居稽书庄督造书籍"。此外,浙江图书馆还藏有粤本《总目》的镕经铸史斋印本、张宗祥先生校注本,国家图书馆藏有李文田批注本等。

粤本《总目》以浙本为底本重刻,又据殿本校改了数百处文字、卷数等讹误,但殿本与浙本重大相异处皆不采入,可谓源出浙本,不离其宗;精校慎改,后来居上。粤本《总目》初版清晰大方,与浙本近似;后来多次印刷,变得纸粗墨劣,装订中还有错叶现象。如:粤东居稽书庄督造本,误将卷八十九第十八叶与卷九十第十八叶互相错位;广州镕经铸史斋印本则将卷八十九第十七叶与卷九十第十七叶互相错位等。这类失误,一直影响到后来的石印本。

从大的方面来说,粤本从属于浙本系统。但因粤本产生之后,影响亦较大,并在后来被两度石印,形成一大传播系统,所以版本学专家把它独立出来,专门论述。

粤本《总目》问世后二十年,即光绪十四年(1888),上海漱六山庄将该本予以石印。此石印本二百卷，卷首一卷，二十四册，附《四库未收书目提要》五卷、《四库全书简明目录》二十卷。扉页题"钦定四库全书总目"，"上海漱六山庄石印""法马路文汇馆发兑"。每半叶二十一行，每行五十六字，左右双边，白口。

漱六山庄石印本以同治七年（1868）广东书局重刊浙本为底本（粤东居稽书庄督造本），一行行剪开，接行拼页，摄影缩小制石印版印行。底本卷八十九第十八叶与卷九十第十八叶装订错位，剪贴前未予校正，由于剪掉了原版心（镌卷次），遂无任何区分标识，不仅使《兀涯西汉书议》《史评》与《狂狷裁中》三篇提要卷次紊乱，而且由于接行拼页，造成《世史积疑》《责备余谈》《孟叔子史发》《廿一史独断》等四篇提要交叉杂糅，不可卒读。

粤本的传播与影响，主要在晚清。光绪二十年（1894），上海点石斋也石印了粤本《总目》。此本今浙江图书馆有收藏，二百卷，卷首一卷，存二十三册（缺卷一百七十二至一百七十七），附《四库未收书目提要》五卷、《四库全书简明目录》二十卷。扉页题"钦定四库全书总目"，"光绪二十年四月上海点石斋代印"。钤"赐书堂藏阅书"，"孙氏寿松堂捐赠"印记，孙氏乃杭州藏书家孙峻，光绪间曾任文澜阁董事。经对校，此本与光绪十四年（1888）漱六山庄本行款相同，其底本同为粤东居稽书庄督造广东书局本，错简讹误同出一辙。

1957年，台北艺文印书馆以同治七年广东书局版为底本，影印出版《四库全书总目》，精装32开，十册。此本初版后，又于1964年、1969年、1974年多次再版印行。1979年，又精装八册。2004年仍有再版。

以上所言，是粤本《总目》的四种版本情况。需要一提的是，首都师范大学陈晓华在《"四库总目学"史研究》第一章中讲到,同治十三年(1874)江西书局、光绪十年(1884)广州学海堂均有《总目》刊本出现,但笔者未能见到关于这两种版本的更多资料①。如果确有其书,大概也属于粤本系列。

第五节　其他版本

《四库全书总目》除了殿本、浙本、粤本等三大版本系列,还有一些其他的版本。比如,日本文化二年(1805,嘉庆十年)刊本。该本浙江图书馆有收藏。六册,不分卷。封面签条题"官板四库全书总目"。前"门目",卷端题"乾隆钦定四库全书总目",不标卷次,每条只载书名、卷数、著者三项,无提要(只字不留)。其卷数著录,跟殿本、浙本、粤本《总目》皆有出入,比较接近浙本。有朱、蓝笔校,大抵依据殿本。末镌"文化二年刊",钤"泷口文库"朱文印记。此本国家图书馆亦有收藏,六册,不分卷,有"古香堂庆元堂"刊刻标识。

国家图书馆还收藏有日本文化十一年(1814,嘉庆十九年)刊本一部,亦不分卷,无提要。这两种版本虽然题名《四库全书总目》,但严格来说,它们已不属于《总目》之列,因为它们缺少《总目》最主要的提要部分,属于《总目》的进一步简化,近似于目录索引。

2011年3月,国家图书馆出版社根据天津图书馆所藏《四库全书总目》残存稿本,影印出版了《纪晓岚删定〈四库全书总目〉稿本》。全书共九册,

①　陈晓华:《"四库总目学"史研究》,北京:商务印书馆,2008年,第53页。

硬精装，16 开。书前有天津图书馆历史文献部主任李国庆所作《出版说明》与《影印纪晓岚删定本〈四库全书总目〉稿本前言》。卷首部分除了《圣谕》，还收录有《御制诗》《御制文》；卷首之后是《总目》《门类卷数》；然后是正文，按照残稿七十卷的顺序先后排列。书后附《书名索引》《著者索引》。它的底本，前文已有介绍。这次影印，保留了原来的修改痕迹，对于学者从事《总目》研究极有价值。像这种利用现代技术刊印的稿本，我们无法再将其归为写本，但它又不属于以上三大版本系列，所以只能作为其他版本来单独说明。

2012 年 12 月，原属于首次进呈御览时抄写的《四库全书初次进呈存目》经台湾商务印书馆影印出版。影印时，原书稿四十八册被重编为经部二册、史部二册、子部二册、集部三册，共计九册。第一册前增编了"总目"，其余每册分别编制有"单册目录"，详列书名、卷数、撰著者姓名朝代、页码。页码以"部"为单位，分别编订，以利于检索应用。封面以黑色缇花布面烫金，高雅美观。书脊标示流水册号。内页特制朱丝栏框，以双色印刷，增添了书籍的明亮度与舒适感。原抄本中提要顺序错置、类别错置者，予以重编，并加注文叙明理由。此次影印，使得这一在书库中沉埋二百余年而罕为人知的珍贵文献，得以化身千百，沾溉世人。

2015 年 8 月，《四库全书初次进呈存目》的整理本也出版面世。此版本经江庆柏等人标点整理，由人民文学出版社出版。它包括目录、概述、整理凡例、四库全书初次进呈存目（正文）、参考文献、书目索引、作者索引、后记等几部分。标点整理本的出版，为更好地利用《四库全书初次进呈存目》、研究《四库全书总目》的早期编撰情况提供了便利。

此外，文渊阁、文津阁、文溯阁所藏《四库全书》的书前提要现今也都有汇辑版本问世。其中最早的是 1935 年由沈阳辽海书社出版的《文溯阁四库全书提要》。该书由金毓黻辑录，共一百十四卷，补遗一卷，附录三卷，铅字排印，线装，共计三十二册。此本后来曾影印出版，如中华全国图书馆文献缩微复制中心精装二册本《金毓黻手定本文溯阁四库全书提要》、中华书局精装六册本《文溯阁四库全书提要》等。1969 年，台北艺文印书馆出版了《〈武英殿聚珍版丛书〉书前提要》；1985 年，台北世界书局出版了《摛藻堂钦定四库全书荟要提要》（列于五百册的《景印摛藻堂四库全书荟要》第一册"目录"附录部分）。这两部书分别属于聚珍本、荟要本的书前提要汇辑。荟要本书前提要后来又有整理本出现，由江庆柏等人整理，题名《四库全书荟要总目提要》，人民文学出版社 2009 年出版。1986 年，台湾商务印书馆影印出版了《文渊阁四库全书提要》，属于保存在台湾的《文渊阁四库全书》的书前提要汇辑。2006 年，北京商务印书馆出版了《文津阁四库全书提要汇编》（全五册）。至此，保存相对完整的三阁全书的书前提要已经全部出齐。2015 年底，集各种书前提要于一帙的《四库全书前提要四种》由大象出版社出版。该书共二十二册，李国庆辑，收录了现存的文渊阁、文津阁、文溯阁《四库全书》的书前提要（即"卷前提要"），以及天津图书馆珍藏内府写本《四库全书》的卷前提要，合四为一，影印出版，故名《四库全书卷前提要四种》。由于书前提要与经纪昀等人多次删削成书的《总目》提要有较大的区别，分属于不同的提要系统，严格来讲，阁书提要并不能归入《总目》之列，所以在此简要提及，不作详述。

第五章　《四库全书总目》的研究

　　《四库全书总目》问世，并非为这部著作的历史画上了句号，而是打开了一个巨大的研究空间，引发了丰富多彩的研究成果，并由此开辟了一个全新的研究领域——"四库学"。

第一节　《四库全书总目》补正

　　所谓"补正"，即对《四库全书总目》的缺漏之处加以补充，对错讹之处加以纠正，使《总目》内容更臻于准确、完善。补正与补编不同。补正重在考辨、纠谬，针对的是书籍本身所存在的内容问题；补编则是依据原著体例，对其缺收内容进行集中搜集，另行编纂。广义而言，补编亦可说是补正之一种，但它属于外在的补充。《总目》补编之作，以阮元《四库未收书目提要》首开先河，且最具代表性。但本书以《总目》为题，本章专述有关《总目》的研究性著作，且受篇幅所限，故于补编一类著述不录。

　　对《总目》的补正，早在光绪年间，清代学者便已开始进行，但他们的看法多载于个人藏书志或读书笔记之中，如陆心源《皕宋楼藏书志》、李慈铭《越缦堂读书记》等，未有专门著作出版。民国年间，对《总目》

的考辨性著作开始问世。

一、陈垣《四库书目考异》

陈垣（1880—1971），字援庵，出生于广东新会的一个药商家庭，六岁随父到广州，翌年入私塾读书。陈垣自幼嗜好读书，十三岁读张之洞的《书目答问》后眼界大开，渐知读书门径。1894年广州大疫，学馆解散，陈垣自行购买《四库全书总目》《十三经注疏》《皇清经解》《二十四史》等书籍，开始自学。陈垣家道殷实，父亲也很支持他读书。后来他以父亲名号"励耘"命名自己的书屋，为的就是表达对父亲的感激与纪念。青年时代，陈垣一度从事过医学事业。1913年当选为众议员后，陈垣开始定居北京，并专心治学，1917年写出成名作《元也里可温考》。1922年，陈垣任京师图书馆馆长，阅读馆藏敦煌遗书八千卷，发表了《火祆教入中国考》《摩尼教入中国考》等名作。1923年，陈垣发表《元西域人华化考》，引起轰动，蔡元培称之为"石破天惊"之作，陈寅恪也予以了高度评价。1926年陈垣开始任辅仁大学校长。1952年辅仁大学被并入北京师范大学，陈垣继续担任校长，直到1971年去世。陈垣生前声名显赫，法国汉学家伯希和说："中国近代之世界学者，唯王国维与陈垣先生两人。"[①] 毛泽东说陈垣是"我们国家的国宝"。陈垣晚年与陈寅恪一起，被人并称为"南北二陈"，或"史学二陈"。

陈垣与《总目》的结缘，始于早年的阅读经历。但深入四库学之中，则是1917年以后。诚如前文所述，贮藏在承德避暑山庄文津阁的第四分《四库全书》，1914年初被运到京城，1915年9月正式入藏京师图书馆，

---

① 尹炎武：《致陈垣》，1933年4月27日尹炎武来函，陈智超编注：《陈垣来往书信集》，上海：上海古籍出版社，1990年，第96页。

1917 年 1 月对公众开放。陈垣一头扎入其中，如饥似渴地阅读这些珍贵典藏。京师图书馆位于国子监前街方家胡同，在北京东北角，陈垣当时住在宣武门内象来街，位于北京西南角，陈垣每天租一架驴车，天不亮就出发，到图书馆阅读《四库全书》，有时遇上风霜雨雪，来回要三四个小时。他总是图书馆刚开门就赶到，下午直到闭馆才离开。陈垣后来在学术上取得的巨大成就，实得益于他对《四库全书》的长期阅读积累。

1920 年夏天，热爱中国文化的法国原总理班乐卫来到中国，准备协商用退还的庚款影印《四库全书》，他希望印成后能得到中方的赠书。文人出身的民国总统徐世昌慷慨应允，并任命朱启钤为印行《四库全书》督理。朱启钤是陈垣的朋友，他委托陈垣带人清点《四库全书》页数，预备印行。自 6 月初到 8 月底，整整 3 个月的时间里，陈垣等人"每日挥汗点查，未尝一日间断"。据记载，陈垣预先设计制定了一个特定表格，表上分部别、类别、属别、书名、作者、卷数、函数、每册书页数、每函册数、每书页数等栏。工作开始，要每天根据简目抄一书名初稿，以备次日使用。他每天都是从清晨即去图书馆和大家一起工作，晚间回家后再复查一天的工作，并为次日的工作做准备。工作完成那天，他邀请参加者合影留念，在照片上他亲笔题写了"民国九年八月"几个字。这次清查，是《四库全书》各阁成书一百多年后的第一次彻底清查。陈垣依此撰成了《文津阁四库全书册数页数表》，完成了影印《四库全书》的基础工作。但影印之事，因时局动荡，并未付诸实施。

1924 年，民国政府成立清室善后委员会，陈垣以学术名家身份出任常务委员，并主持工作。他首先带人清理了文渊阁《四库全书》。随后按图索骥，在摘藻堂发现了尘封多年的《四库全书荟要》，又在武英殿刻书处发现了《四库全书》中撤毁的十余种著作。得天独厚的机遇与条件，成就了陈垣在四库学研究领域奠基者的地位。他是直接接触过文津阁、文渊阁两阁《四库全书》的第一人，也是《四库全书》"第一个较全面、系统的研究者"[①]。

陈垣在四库学研究上取得了大量成果。比如广为世人所知的《编纂四库全书始末》《文津阁四库全书册数页数表》《四库全书中过万页之书》《大唐西域记之四库底本》《四库撤出书原委》《书于文襄论四库全书手札后》《影印四库全书未刊本草目签注》《四库提要中之周亮工》《再跋于文襄论四库全书手札》等十余篇专文。此外，还有一些涉及四库学的函札书信以及具有工具书意义的专著，如《四库书名录》《四库撰人录》等，而《四库书目考异》则是比较重要的一种。

《四库书目考异》按经、史、子、集分为四卷，每卷对应《四库全书总目》分类排列，共约有12万字。陈垣先生以清查文津阁《四库全书》的实际结果为依据，校正《四库全书总目》和《四库简明目录》中出现的错误。他将文津阁《四库全书》各种书的书名、卷数、撰人、函数、册数、页数一一列出，《四库全书总目》及《四库简明目录》有异者则加以对比说明，或指出讹误。

略举两例：

1. 周易本义四卷卷首一卷　明成矩编　　　　　三　一五六

此书总目附前书，内题曰"原本周易本义十二卷，附重刻周易本

---

① 刘乃和：《陈垣对〈四库全书〉研究的贡献》，《历史文献研究论丛》，桂林：广西师范大学出版社，1998年，第293页。

义四卷"，简目则另为一书，题曰"别本周易本义"，自有提要。杭刻简目无此书，粤刻简目于此书下注云："总目此部不存。"实则总目并非不存，特附于前书内耳。

2. 满珠蒙古汉字三合切音清文鉴三十二卷　六　三三　二二三二

清乾隆四十四年敕撰

总目、杭刻粤刻简目作三十三卷。

"满珠"，总目、简目均作"满洲"。①

可以看出，《四库书目考异》把有关四库方面的几种重要典籍放在一起综合比对，视野开阔，资料扎实。由于陈垣曾直接经手原始文献，所以他的考异结果是完全可信的。《四库书目考异》累计考异书目达一千三百多条，为后人的阅读、研究四库典籍提供了重要参考。依循此书，按图索骥，可以更全面地掌握一本书的版本源流等情况。正如论者所言："今观《书目考异》，搜尽各类目录及存书卷属，除文溯阁外，几乎比勘殆尽。检考异文，尤其是摘录纪评，为世所罕见，终于得以表曝出四库各阁、各本之异，从此，学界始知不可视余阁皆文渊阁一书之复本也。"②

《四库书目考异》一书以文津阁库书的清点结果为基础，进行书目比勘，具有工具书的检索性质，因此它的内容非常简洁，没有进一步地做分析解释，也没有具体论及到书目提要内容。这是它与其他有关《总目》辨证与补正著述最大的不同之处。从严格意义上说，它不是专门研究《总目》

---

① 陈垣：《四库书目考异》，《陈垣四库学论著》中编，第79、118 页。

② 四库新馆主：《"四库学"研究奠基人——陈垣与〈四库全书〉研究》，http://blog.sina.com.cn/s/blog_8d5a595d010186ut.html

的著作。但它以实证的功夫、通贯的眼光，成为《总目》研究中一部独具特色的重要著作。

《四库书目考异》作于 20 世纪 20 年代，据说当年曾排过样张，但在陈垣生前一直没有公开发表。2009 年，安徽大学出版社与北京师范大学出版社联合出版了《陈垣全集》（陈智超主编），第三册即为《四库书目考异》。2012 年 7 月出版的《陈垣四库学论著》（陈智超编，商务印书馆），亦收录了《四库书目考异》四卷。《四库书目考异》在近年的公开刊行，为世人深入了解《四库全书总目》提供了又一考证资料，丰富了人们对《四库全书总目》的认识。

值得一提的是，陈垣的《中国佛教史籍概论》一书虽以佛教史籍为主要研究对象，但书中对相关《总目》提要的纠谬补缺之处甚多。陈垣在该书中，运用丰富的史料，对有关佛教史籍的名目、作者、版本、卷数、内容体例等问题进行了实事求是地分析辨误，其中，"尤所注意者，《四库》著录及存目之书"[①]。

二、余嘉锡《四库提要辨证》

余嘉锡（1884—1955），字季豫，号狷庵，湖南常德人。自幼禀受庭训，立志著述，十四岁作《孔子弟子年表》，十六岁注《吴越春秋》，十七岁开始研读《四库全书总目》，"穷日夜读之不厌"。光绪二十七年（1901）余嘉锡乡试中举，后入京，选为吏部文选司主事，不久，丁父忧回籍。清末停科举，立学校，应常德官立中学、西路师范学堂之聘，教授文史。1919 年余嘉锡赴北平，馆于清史馆总裁赵尔巽家，教授赵氏子弟，同时审阅《清史稿》，得清史馆馆长柯劭忞为师。不久，返回常德，以教授生徒

---

① 陈垣：《中国佛教史籍概论·缘起》，第 1 页。

自给。因夫人病故，1928 年，余嘉锡携子至北平，结识了辅仁大学校长陈垣，被聘为辅仁大学国文系讲师，主讲目录学。之后，又兼北京大学、中国大学、女子师范大学等校教授，讲授目录学。1931 年，余嘉锡被聘为辅仁大学教授，兼任国文系主任。1933 年北平在日军进逼下岌岌可危，5 月，余嘉锡举家迁回湖南常德，然故乡无人可与论学，精神无所慰藉。无奈，7 月重返北平，继续在辅仁大学等校执教。1944 年，余嘉锡任辅仁大学文学院院长。1948 年，当选为中央研究院院士。1949 年 11 月，中国科学院成立，余嘉锡被聘为语言研究所专门委员。

余嘉锡一生都在与学问打交道，是一位比较纯粹的学者。他与《总目》的结缘，也是在少年时代。十六岁时，余嘉锡读张之洞的《书目答问》，惊叹书中学问之浩博，继而读到《輶轩语》一书中"今为诸生指一良师，将《四库全书总目提要》读一过，即略知学问门径矣"时，欣然向往，求其父为之购买。光绪二十六年（1900），十七岁的余嘉锡开始发奋阅读《总目》，"时有所疑，辄发箧陈书考证之，笔之上方，明年遂录为一册"[1]。也就是说，余嘉锡自读《四库全书总目》起，就开始了对它的研究。余嘉锡治学不但刻苦勤奋，而且精益求精："尔后读书续有所得，复应时修改，密行细字，册之上下四周皆满，朱墨淋漓，不可辨识，则别易一稿。如此三十余年，积稿至二十余册，自期以没齿乃定，故未尝出以示人。"[2] 但动荡的时局，动摇了余嘉锡的决心，他担心这些用心血凝就的文稿遗失，决定将其刊印。1937 年，余嘉锡取史、子两部定稿 220 余篇排印数百册。1952 年，余嘉锡不慎跌损右股，转而瘫痪。自知余年不多，遂决定将"一

---

[1]　余嘉锡：《四库提要辨证·序录》，第 46 页。
[2]　同上。

生精力所萃"的《四库提要辨证》文稿收集 490 篇，交付刊行。书的正式出版，已是 1958 年他去世以后的事情了。

《四库提要辨证》的写作，时间长达半个世纪之久，它是余嘉锡毕生治学的结晶。所谓辨证，即辨析考证。《四库提要辨证》就是发现《四库提要》中的讹误，详细考辨加以订正。余嘉锡研读《四库全书总目》，首先给予它充分地肯定："今《四库提要》叙作者之爵里，详典籍之源流，别白是非，旁通曲证，使瑕瑜不掩，淄渑以别，持比向、歆，殆无多让。至于剖析条流，斟酌今古，辨章学术，高挹群言，尤非王尧臣、晁公武等所能望其项背。故曰自《别录》以来，才有此书，非过论也。故衣被天下，沾溉靡穷。嘉、道以后，通儒辈出，莫不资其津逮，奉作指南，功既巨矣，用亦弘矣。"但余嘉锡同时指出："古人积毕生精力，专著一书，其间抵牾尚自不保，况此官书，成于众手，迫之以期限，绳之以考成，十余年间，办全书七部，荟要二部，校刊鲁鱼之时多，而讨论指意之功少，中间复奉命纂修新书十余种，编辑佚书数百种，又于著录之书，删改其字句，销毁之书，签识其违碍，固已日不暇给，救过弗遑，安有余力从容研究乎？且其参考书籍，假之中秘，则遗失有罚，取诸私室，则藏弆未备，自不免因陋就简，仓卒成篇。"① 而问题之所在，便是余嘉锡所要用力之处。

余嘉锡《四库提要辨证》对《总目》的辨证，主要针对两个问题：一是讹误之处，二是失当之处。讹误之处，有的是援引前人之误，以讹传讹，如卷十子部一儒家类一《荀子》，《总目》说汉朝人把荀卿称为孙卿，是因为避汉宣帝讳。这种观点从唐朝以后很是流行。余嘉锡引经据典，驳斥其误。有的讹误是因未阅读全书而致，如卷一经部一易类存目三《易论》，

---

① 余嘉锡：《四库提要辨证·序录》，第 49 页。

《总目》考朱彝尊《曝书亭集》，不知徐善与徐敬可是一人还是二人。实则徐善即徐敬可，朱书中已明言，《总目》仅观其标目，遂有此误。有的讹误是因据窜乱刻本而致，如卷二十集部一别集类三《昌谷集》称杜牧序作三百三十三首，是因所据刻本把"二十三"变成"三十三"了。还有的讹误，或因曲解文字，或因不明体例，或因断章取义，或因主观臆断，等等，不一而足。而失当之处，有的是引证不注出处，如卷五史部三别史类《东观汉记》，于"南宫有东观"出处不详。有的是体例不当，如卷二经部二小学类一《释名》，于刘熙仕履始末，不置一词；再如卷十一子部二法家类《折狱龟鉴》，《总目》仅云宋郑克撰，未著郑克始末，与全书体例不类。诸如此类问题，余嘉锡皆一一辨证。

从上面所举例子可以看出，余嘉锡《四库提要辨证》善于从《总目》提要的平常处、细微处入手，考每一句每一字之正误由来。常人读《总目》时视为当然不疑之处，余嘉锡却能发现问题，博考详审，使其中曲折原委，一一毕现。有时仅一字之别，辨证过程却洋洋千言，甚至几千言。这种细密精深的功夫，只能是从长期的阅读训练中养成。余嘉锡自言："余治此有年，每读一书，未尝不小心以玩其辞意，平情以察其是非，至于搜集证据，推勘事实，虽细如牛毛，密若秋荼，所不敢忽，必权衡审慎，而后笔之于书，一得之愚，或有足为纪氏诤友者。"[1]综观全书，余嘉锡对《总目》的辨证涉及经、史、子、集的各个方面，从作者、书名、卷数、版本到内容等，无一不是他关注的对象。其辨证过程，处处引经据典，广征博采，条分缕析，绝无空言。读《四库提要辨证》，不仅能纠正《总目》之误，更能学得读书方法，增长见闻，开阔学术视野。

---

[1] 余嘉锡：《四库提要辨证·序录》，第52页。

余嘉锡《四库提要辨证》给后人留下了丰厚的学术财富，粗疏总结之，主要体现在三个方面：一是它纠正了《总目》中存在的大量瑕疵之处，篇目涉及经部约 61 种，史部约 107 种，子部约 217 种，集部约 103 种。虽然，《四库提要辨证》亦有纰漏，后来又被李裕民纠正了十余处疏误，但它为《总目》研究作出的贡献，却是永远无法磨灭的；二是它对清代考据学的发展。《四库提要辨证》既继承了传统的目录、版本、校勘、辨伪、避讳等考据学方法，也运用了现代科学的归纳、演绎等逻辑思维方法，其考证淹贯群籍，高论频出，诸多结论已经成为今日学界共识。《四库提要辨证》也继承了清代考据学实事求是、无征不信的治学态度。陈垣说余嘉锡"平日博览群籍，为文则取精用宏，非清代目录学家之专治版本、校勘者所能及"[1]，是较为客观的评述。《四库提要辨证》所体现的考据方法与辨证思想，对今人治学仍有重要的启示意义；第三，《四库提要辨证》的辨证对象虽然只是《四库全书总目》一书，但其所论内容经、史、子、集无所不包，涉及中国古代文化的多个领域，对研究中国历史、文学、哲学及版本目录学等，都极具参考价值。

余嘉锡《四库提要辨证》一书取得了巨大的成就。1948 年 3 月，他以此书当选为民国最高学术机构中央研究院院士。在民国时期的四库学研究中，余嘉锡的《四库提要辨证》可谓是影响最大、成就最高的一部著作。它所到达的深度，迄今罕有其匹。长期以来，成为《四库全书总目》研究的典范之作。

三、胡玉缙《四库全书总目提要补正》

胡玉缙（1859—1940），字绥之，江苏元和（今苏州）人。早年肄业

---

[1]　陈垣：《〈余嘉锡论学杂著〉序》，《余嘉锡论学杂著》，第 2 页。

于正谊书院。后调江阴南菁书院。光绪十四年（1888）任江阴学古堂斋长。光绪十七年（1891），以优贡中式江南乡试举人。光绪二十六年（1900）任福建兴化教谕。光绪二十九年（1903），进京应经济特科试，录取为高等，改官湖北知县，入湖广总督张之洞幕府。次年东渡日本，考察政学，著《甲辰东游日记》六卷。光绪三十二年（1906）补学部主事，升员外郎。光绪三十四年（1908）任礼学馆纂修。宣统二年（1910），应京师大学堂之聘，讲授《周礼》。辛亥革命后，继续任北京大学文科教授。1912年，应蔡元培之邀，任中国近代史上第一座博物馆——国立历史博物馆筹备处主任、处长，接收太学器皿等文物。卢沟桥事变后，年近八十的胡玉缙南归吴下，专事著述，直至终老。

如同余嘉锡一样，胡玉缙在《总目》的研究上也是呕心沥血、瘁力一生，自称是"精卫填海"，"愚公移山"。旅京期间，他"奋力著书，孜孜不倦，数十年如一日"，致力于《总目》研究，曾参与编撰《续修四库全书总目提要》。晚年南归后，好友曹元忠的弟子王欣夫以后辈之礼相见，胡玉缙"以草稿丛残，多未写定"，约王欣夫相助为理。其后又"郑重致书，以身后编刊之役为托"。王欣夫一经受托，"于戎马仓皇、历年兵火之际，保持绥之遗稿，如护头目。十余年中，编校缮写，心力交瘁，百折千回，始终不懈"①。终于在1964年将《四库全书总目提要补正》整理出版。除了《四库全书总目提要补正》一书，王欣夫还整理了胡玉缙《许庼学林》《许庼经籍题跋》《四库未收书目提要续编》《四库未收书目提要补正》等著作。他说："绥之先生一生精力既不致湮没，余亦得完诺责，又得整理费

---

① 卢弼：《许庼遗书序》，胡玉缙《许庼学林》，北京：中华书局，1958年，序言第1页。

以偿前捐资人，且分助其后嗣。一举而有四德，此诚当永矢勿谖者矣。"①
王欣夫重信守诺的君子之风，令人景仰。如果不是他不负重托，我们也就
无法看到《四库全书总目提要补正》这一四库学名作了。

《四库全书总目提要补正》采用资料汇辑的方式，按照《四库全书总目》
的类目编排逐类进行补正。据统计，补正经部书籍366种、史部书籍749种、
子部书籍532种、集部书籍741种，共补正图书提要2388种，接近《总目》
提要总数的四分之一。以一人之力，补正书籍如此之巨，可以想见其间耗
费了作者多少心血。该书体例，于所补正之书下，先录《总目》提要原文，
次引各家论说，贯穿比较，旁征曲引，而终之以案语。对于征引的材料，
书中都详细注明了出处，既为读者的深入阅读研究提供了线索，又体现了
无征不信的考据学风。《四库全书总目提要补正》一书征引书籍的数量达
到500余种，涉及经解、正史、传记、会要、天文、地志、目录、金石、
小学、文集、笔记等，种类繁多。其中最主要是清代学人的研究成果。该
书博采群籍，辑录他人的辨讹、纠谬以及考证的同时，"又常常把自己的
意见和考辨提供出来，或补前人所未及，或就争论的问题表示自己的看法"。
这些看法，在《四库全书总目提要补正》中以案语的形式出现。如《四库
全书总目提要补正》卷二十一时令类"《岁时广记》四卷"条下，先摘录
总目中有误的两段话，然后辑录陆氏《藏书志》、瞿氏《目录》等书中的
记载比勘，最后总结曰："玉缙案：据此，则四卷本非元靓之旧也。"案
语言简意赅，但前面的引证却非常丰富。

《四库全书总目提要补正》对于《总目》研究的贡献，主要体现在三
个方面。第一，它补正了《总目》提要中所涉及的原著作者生平、编撰体

---

① 王欣夫：《蛾术轩箧存善本书录》，第1230页。

例以及版本、内容等各个方面。如上例中，补正的就是版本问题。再如，《四库全书总目提要补正》卷四十类书类存目"《诸史偶论》十卷"条下，针对《总目》提要中"然自题曰校，则非其所著"一句，补正了该书作者问题。第二，《四库全书总目提要补正》辑录他人的辨讹、纠谬以及考证，不仅引一人之见，而且辑众家之说，资料翔实，大大丰富了《总目》提要的内容，扩展深化了读者对于《总目》提要的认识。如《四库全书总目提要补正》卷二十三地理类三"《徐霞客游记》十二卷"条下，胡玉缙分别辑录了陆以湉《冷庐杂识》、徐昆《遯斋偶笔》、李慈铭《桃花圣解庵日记》等有关内容。有时为了补正一个问题，辑录内容达几千字之多。第三，《四库全书总目提要补正》中的案语，对《总目》起到了纠谬、补充、评议等作用，较有学术价值。如该书卷十七别史类存目"《藏书》六十八卷"条，胡玉缙案："顾炎武《日知录》卷十八有'李贽'条，补《提要》所不及言，学者当参阅之以为戒。"案语起到了补充作用。

如果说，民国以来考辨《四库提要》的著作，能有一部可与余嘉锡的《四库提要辨证》相提并论，那就只有胡玉缙的《四库全书总目提要补正》了。1987年，台湾学者胡楚生曾撰《〈四库提要补正〉与〈四库提要辨证〉》，对两书进行比较研究。该文指出，两书在"内容和体例"上"极其相似"。"对于《提要》中胡、余二人都曾致力过的一些书籍而言，《补正》和《辨证》，相同的地方虽然不少，相异的地方也有很多。关于《补正》和《辨证》相同的地方，我们可以说，在考证学上，同样的问题，如根据类似的资料，应该可以得到相近的结论。至于二书对于同一问题，而有不尽相同的见解，我们也可以说，由于《补正》一书，所涉及的书籍种类较广（超过余氏四倍以上），因此，胡氏的精神力量，自然较为分散，加以胡氏尚有分量极重的著作多种，自然不能像余氏那样，终生以辨证《四库提要》为职志，'平生精力，尽于此书'，因此，对于余氏也曾致力过的一些部分，相较之下，资料就往往不如余氏搜罗得完备，断制也就远不如余氏来得精确可信了。不过，胡氏的书，在补正书籍的数量上，毕竟超过余氏甚多，对于余氏所不曾辨证过的一千多种书籍而言，胡氏所补正的，不仅格外可贵，同时，即使是二人都曾致力的书籍，胡氏的《补正》，也时有新意，往往可以弥补余书的不足。"①胡楚生的这段评价，非常精辟。大陆学者陈晓华在《"四库总目学"史研究》中对两书也有综合评论，她认为：就体例而言，《辨证》把分析与议论相结合，采用的是论辩体的形式；《补正》把他人的议论与自己的案语分别开来叙述，类似于辑录体。《辨证》显示的是融通凝练；《补正》擅长的是剪裁荟萃。《辨证》之文具有一波三折之态；《补正》的涵括是水到渠成之势②。这个把握和比较分析是比较细腻准确的。总的来说，《辨证》的考证功力要更为深厚一些，而《补正》在研究范围上则更广一些。两书的写作时间大致相同，正式出版都在作者谢世之后，但《辨证》一书在作者生前已经部分面世，并获得学界认可，为作者赢得了荣誉，所以就影响力来说，《辨证》也是大于《补正》的。其对于《四库全书总目》研究的典范意义，非《补正》之可比。但无论如何，两位作者：余嘉锡和胡玉缙，都为《四库全书总目》研究奉献了一生的心血。他们的治学精神，不仅已熔铸于《四库提要辨证》和《四库全书总目提要补正》两书，而且也永远写在了中国知识分子的学术人格之中，成为后来学者的宝贵财富。

---

① 胡楚生：《〈四库提要补正〉与〈四库提要辨证〉》，原载《南洋大学学报》1975年第8—9期合刊，收录于胡楚生《中国目录学研究》，台北：华正书局，1980年，第288—289页。

② 陈晓华：《"四库总目学"史研究》，第332—333页。

四、刘兆佑《四库著录元人别集提要补正》

刘兆佑，台湾师范大学国文研究所博士班毕业。曾任国民小学教师、台北第一女中国文教师，台北汉学研究中心兼任编纂、特藏组代理主任，东吴大学教授兼中国文学系主任暨中国文学研究所所长，台北市立教育大学教授兼语文教育系主任暨应用语言文学研究所所长，"中国文化大学"教授兼中国文学系主任暨中国文学研究所所长。著作有《晁公武及其〈郡斋读书志〉》《〈宋史·艺文志〉史部佚籍考》《四库著录元人别集提要补正》《中国的古文字》《水中捞月》《认识中国古籍版刻与藏书家》《治学方法》《中国目录学》《文献学》《周礼著述考》《仪礼著述考》《三礼总义著述考》《周礼论著目录》《仪礼论著目录》《三礼总义论著目录》等多种。

早在 1976 年，刘兆佑就发表了长篇论文《〈四库全书总目提要〉元人别集补正》。1978 年，刘兆佑将自己对《四库全书总目》的研究成果结集成书，即《四库著录元人别集提要补正》。李慈铭曾说："《四库全书》所据之本，并非善本，尤以元人别集为然。盖当时藏家收元人诗文者少，故虽经四方征采，所进善本不多，难备甄择。"①《总目》编撰官所据既非善本，则所作提要必定有所疏漏。前人的研究中，"胡玉缙的《补正》，于元人别集的版本部分，但据藏书目录的记载，所以难见详密；余嘉锡的《辨证》，于元人别集，仅及《白云集》《弁山小隐吟录》及《一山文集》三则而已"。刘兆佑《四库著录元人别集提要补正》"参辑史传及历代藏书目录，复详阅今存诸善本，订正四库所著录元人别集提要之误，尤于诸

---

① 转引自刘兆佑：《〈四库全书总目提要〉元人别集补正》，《"国立中央图书馆"馆刊》新第 9 卷第 1 期，1976 年 6 月，第 47 页。

书之版本，多所补正"①，填补了胡、余二氏研究之不足。

五、崔富章《四库提要补正》

崔富章，1941年生，山东淄博人。1964年毕业于曲阜师范学院中文系，同年考入杭州大学（今浙江大学）语言文学研究室研究生，跟随著名文献学家姜亮夫教授攻读先秦文学，研习楚辞。1967年毕业。1973年调入浙江省图书馆从事古籍工作。1984年起任副馆长，参加编纂《中国古籍善本书目》，以及《章太炎全集》的点校工作。1986年调入杭州大学古籍研究所，协助姜亮夫先生主持工作。1991年晋升教授。主要著作有《四库提要补正》《楚辞书目五种续编》《楚辞书录解题》等，注译有《诗骚合璧》《新译嵇中散集》等，主编有《楚辞学文库》《古典名著聚珍文库：诗经》《古典名著聚珍文库：楚辞》等。

崔富章在浙江省图书馆工作长达12年之久，凭借便利的条件，"日登高楼，细检文澜《四库》"。与库书的机缘，虽然没有当年陈垣先生那么幸运，比起一般人却也十分难得了。从事古籍研究，尤其是版本考辨，非坐拥书城，手检目验，只能是纸上谈兵，徒具空论。而崔富章又曾"参与编纂《中国古籍善本书目》，经眼善本数千种，见闻愈广，功力日厚"②，《四库提要补正》正是在这样的背景下完成的。

《四库提要补正》出版于1990年9月，该书发挥作者的学术专长，以补正《总目》提要版本讹缺为主要目标，共收录提要补正约508篇。《四库全书总目》的用力之处主要在"校其得失，撮举大旨"，对书籍的版本

① 刘兆祐：《民国以来的四库学》，《汉学研究通讯》二卷三期，1983年7月，第147页。

② 姜亮夫：《〈四库提要补正〉序》，崔富章《四库提要补正》，杭州：杭州大学出版社，1990年，前言第2页。

情况则用笔不多，只在书名、卷数之后简单标明"通行本""内府藏本""永乐大典本""××采进本""××家藏本"等。在论及不多的关于版本的提要内容中，亦存在不少讹误之处。后人出于条件所限，对《总目》的版本问题也较少纠谬。崔书针对《总目》的这一缺陷，以及前贤研究的薄弱环节，追寻《四库》底本，明著版本；详辨《提要》所据本与《四库》本之差异；实录相关善本，以明《四库》本之优劣；揭示文澜阁库书现状，查考清末至民国间补抄本之来源。全书焦点皆在版本。

　　具体说来，《四库提要补正》补正了《总目》提要中的哪些版本问题呢？有论者加以概括，即："举凡世有完本而《总目》、库书据残本著录者，世有完本而库书缺卷、《总目》以不全为全者，库书完本而《总目》反据残本著录者，世有传本而《总目》著录曰已佚者，世有传本而《总目》、库书反据《永乐大典》辑佚本著录者，世有宋元旧本而《总目》、库书据后世通行本著录者，《总目》、库书所收之本不及未收之本精善者，《总目》误明本为元本者，《总目》因书名相同而误两书为一书者，《总目》因书名相同而误一书为另一书者，《总目》误刊本为抄本者，《总目》误题刊刻年代者，《总目》误题人名者，《总目》误标卷数者，《总目》擅改标卷者，《总目》提要与库书提要著录卷数不合者，《总目》所标书名、卷数与库书之底本不合者，《总目》所标书名、卷数与库书及底本皆不合者，《总目》所标书名、卷数各取两个不同版本者，《总目》乱改书名者，《总目》因避讳而擅改书名者，《总目》所题书名有误字者，《总目》著录书名项不完备致使与库书题名及内容不相应者，《总目》著录书名因增字而致与库书内容不合者，《总目》著录书名因脱字而致与库书内容不合者，《总目》著录版本因袭前人目录学著作而致误者，《总目》著录版本因前人目录学著作误载而益误者，《总目》言据某采进本著录而实未进呈者，《总目》叙述版刻源流多有不确者等等，无不精考细辨，稽查核实，详加指正。"①其范围之广、问题之细令人叹服。

《四库提要补正》不仅纠版本之谬，而且补版本之缺。对于《总目》所录书籍的底本依据、《总目》所录书籍的存佚和今藏以及文澜阁库书补抄本的底本来源等问题，都有所论及。同时，《四库提要补正》并不仅仅局限于版本的补正，其中亦有对提要内容上的补正。

概而言之，崔富章的《四库提要补正》对《四库全书总目》有如下几点贡献：1.《四库全书总目》收录图书提要一万余种，载明版本者不及一千种，其间又多有讹误。余嘉锡、胡玉缙的著作虽对《四库全书总目》加以补正，但主要在于提要内容而不在于版本。崔著力补以前研究的空白，致力于版本的考核，谬则匡之，缺则补之，从而在《总目》的考订与补正上独树一帜。2. 文澜阁库书几经战乱，原抄散佚过半，后经学者三次补抄，文澜阁库书始得复完，但补抄本的底本未曾著录。崔著努力查考补抄本的底本，并将查考所得补录于各条之后，尤其注意补抄本胜于原抄本者。3. 对余、胡二氏的研究加以补正，其所论列的内容，皆余、胡二书漏补，或补而未尽，或因补反而致误者。书中还采录了近人对四库诸书的评价，如余绍宋《书画书录解题》、陈垣《中国佛教史籍概论》、王重民《中国善本书提要》、张宗祥《铁如意馆手抄书目》等，使提要补正的内容更为丰满。

在有关《四库全书总目》辨证与补正的著作中，《四库提要补正》是一部有鲜明特色的著作。它从版本角度，对《总目》提要进行补正，可谓

---

① 秋涛：《一部注重于补正四库提要版本讹缺的力作——评崔富章先生的〈四库提要补正〉》，《杭州大学学报》（哲学社会科学版）1990 年第 3 期，第 121—122 页。

匠心独具。它在弥补了前人研究之不足的同时，也揭示了《四库全书总目》乃至《四库全书》编纂过程中的一些真实情况。比如，版本选择不精与版本描述有误等，很可能与四库馆臣工作敷衍有关，版本改删的背后则透露出统治者的某些政治意图，等等。因此，《四库提要补正》的问世，把《总目》补正工作又向前推进了一大步，为后学者研究《四库全书总目》提供了新的起点。

六、李裕民《四库提要订误》

李裕民，1940 年生，浙江崇德（今桐乡）人。1959 年入杭州大学（今浙江大学）历史系，师从宋史专家徐规教授研读宋史。1963 年全国首次公开招收研究生，李裕民考上北京大学历史系研究生，就读于宋史名家邓广铭教授门下。1968 年至山西大学历史系任教。1973 年在《考古》上发表《我对侯马盟书的看法》，与郭沫若争鸣，产生一定影响。1978 年在山西大学历史系创办考古专业。1986 年晋为教授。1990 年赴日本东京都立大学合作研究，发现国内已佚的司马光日记，赢得国内外学术界好评，又与日本、欧美学者共同创办国际学术刊物《中国史学》（副主编），在东京出版。1996 年调入陕西师范大学历史系。2006 年退休。先后出版专著《宋史新探》《四库提要订误》《宋史考论》《宋人生卒行年考》《北汉简史》等。

李裕民自言："《四库提要》是我案头必备之书。"[1]他之所以写出《四库提要订误》一书，是因为在长期的历史研究中，经常翻检《总目》，偶尔发现可疑之处，便作进一步考索，得出正确结论，久而久之，汇编成书。这种研究方法，与余嘉锡写作《四库提要辨证》有点相似。事实上，学者对于《总目》的辨证与补正，基本上都是沿着这个路子走的，因为《总目》

---

[1]　李裕民：《四库提要订误·前言》，北京：书目文献出版社，1990 年，第 2 页。

是一部目录书，或者说是工具书，书中存在的问题只有在使用时才能发现。换而言之，对《总目》的辨证与补正，是在阅读实践的基础上形成的，是长期积累的结果。李裕民与崔富章一样，一开始都不是专门从事《总目》研究的，都有自己的其他专业方向，但在《总目》研究上都取得了巨大成就。这说明，知识在于积累，成绩在于勤奋。只要有坚持不懈的努力，就会有意想不到的收获。

李裕民的《四库提要订误》集中了作者长期以来研读《四库全书总目》的心得，对《总目》著录之书的书名、卷数、版本、作者及其生平、内容评价等方面的错误进行了订正，并论及了余嘉锡《四库提要辨证》中的十余处疏误。《四库提要订误》有两个版本。第一版是1990年10月由书目文献出版社出版。出版时间仅比崔富章的《四库提要补正》晚了一个月，算是同一时期的研究成果。第二版，即增订本是2005年9月由中华书局出版。第一版收录提要订误274条，增订本又增加了184条，达到458条。其中订正经部38条、史部123条、子部172条、集部117条，另外还订正《四库未收书目提要》8篇。受作者学术专长的影响，《四库提要订误》篇目虽然涵盖经、史、子、集四部，其中却有五分之四属于宋、金、元各朝著述。作者以其专深的宋史功底，修订了《总目》提要相应朝代篇章中的讹误，这是此书的一大特点。

七、杨武泉《四库全书总目辨误》

杨武泉，湖南石门人。早年毕业于武汉大学中文系，曾为中国民族史学会、湖北省史学会会员。专著有《岭外代答校注》《四库全书总目辨误》等，合编有《南方民族古史书录》等。

《四库全书总目辨误》出版于2001年。此书以流传最广的中华书局

1965 年浙本《总目》为底本，并参考殿本、粤本之影印本，进行辨误。同其他有关《总目》的辨证与补正著作一样，《四库全书总目辨误》的内容编排也是按照《总目》的部类顺序进行的。但《四库全书总目辨误》一个很大的特点是，它所辨误的条目种类较为广泛。除时令、释家、楚辞三类没有涉及外，对《总目》提要的其他各小类均有辨正。据统计，该书辨正《总目》经部 104 条，史部 153 条，子部 177 条，集部 236 条，共计 670 条，可见作者涉猎之广、用力之勤。

《四库全书总目辨误》涉及范围较广，但辨误的内容不像其他几部书那样曲折深入，每条多是针对一个问题而辨，字数在二三百字左右，有的条目字数更少。如该书"经部"第 59 条对《礼记日录》提要的辨误。《总目》卷二十四有云："明黄乾行撰。乾行字玉岩，福宁人。嘉靖癸未进士。"杨武泉《四库全书总目辨误》中说："癸未为嘉靖二年。然雍正《福建通志》卷三十六选举志载福宁黄乾行，为嘉靖三十二年癸丑科进士。《碑录索引》所载同。《总目》上文'癸未'，乃'癸丑'之误。"短短不及百字，所辨只是一字之误，问题非常集中。可见作者对《总目》的研读，能不遗巨细，并广搜博采，以辨正误。

《四库全书总目辨误》的贡献，主要在于它大大扩展了对《总目》的辨正范围。这不仅体现在它对《总目》的各部类多有涉及，而且在于它对余嘉锡、胡玉缙、崔富章、李裕民等人著作中所未涉及的问题多有发现。正如作者在该书《前言》所称，对于前人诸书已经纠正过的问题，此书则"避不涉及"（纠而未正者又当别论），体现出此书的独特价值所在。此外，对于前人在辨证中出现的失当之处，《四库全书总目辨误》中也有所补正。如，此书"经部"第 38 条《读书丛说》下："胡玉缙《四库全书总目提要补正》之《读书丛说》条云：'（李慈铭谓）此以右旋为南北旋及以日东出西没为随大气而左，皆出于西人之说，似非可以正元以前人之书。玉缙案，西说何不可正元以前人之书？李说似偏。'武泉按，李、胡以西人有上引《总目》之说，皆臆断之词，西人并无此说，因其说与托勒密或哥白尼之天体运行论，皆不合也。"除了对胡玉缙《四库全书总目提要补正》的论断提出修正，杨武泉的《四库全书总目辨误》对余嘉锡《四库提要辨证》、崔富章《四库提要补正》、李裕民《四库提要订误》等书中的个别条目也有所补正。

但有些遗憾的是，杨武泉《四库全书总目辨误》一书的影响力似乎远不及余嘉锡、胡玉缙、崔富章、李裕民四人的辨误之作。对于此书，学界鲜有评论，这大概也与作者声名不显有关。但此书对于《总目》所作的贡献却是不容抹杀的。

八、杜泽逊《四库存目标注》

杜泽逊，1963 年生，山东滕州人。1985 年山东大学中文系本科毕业，1987 年山东大学古籍整理研究所研究生班毕业，留所从事中国古典文献学研究工作。2000 年晋升教授。专著有《文献学概要》《四库存目标注》等，参与主编《清史稿艺文志拾遗》《四库全书存目丛书》《山东文献集成》《清人著述总目》《渔洋读书记》《清经解三编》《清经解四编》等。

早在 1988 年，在王绍曾教授的指导下，杜泽逊就完成了硕士论文《〈四库全书总目〉辨伪学发微》。但与《总目》研究的更大缘分，则来自于 1992 年他在北京琉璃厂购得的一部旧书《四库全书附存目录》。这部旧书上有前人用朱墨两色做的批注，他想以此为基础做一项长期的研究。巧合的是，1992 年第三次全国古籍整理出版规划会议在北京召开，会上有专家

提出了四库存目书籍的整理出版问题。杜泽逊抓住这一机遇，参与了由季
羡林等众多前辈专家领衔组成的《四库全书存目丛书》编纂出版项目，并
成为实际工作主持者。经过五年努力，丛书全部出齐。在后来所写的《〈四
库全书存目丛书〉成书始末》一文中，杜泽逊总结道："《四库全书存目
丛书》共收古籍4508种，分装1200册，所选底本多系善本，其中稿本22种，
宋刻本15种，宋写本1种，元刻本21种，明刻本2152种，明写本127种，
清刻本1634种，清写本330种，约三分之一为稀见本或孤本，是乾隆修《四
库全书》以来二百年间最大的一部古籍丛书。由于采用原版影印的方法，
无篡改失真的弊病，因而其学术价值更在《四库全书》之上。"①《四库
全书存目丛书》的编纂出版对于保护古籍、造福学界具有深远的意义，但
对于杜泽逊，则是一次重大的人生转折。

从1992年开始，杜泽逊就有了为《四库全书附存目录》做标注的想法。
随后参加编纂《四库全书存目丛书》，更为他原来的计划提供了良好的实
现条件。在北京从事丛书编纂的三年多时间里，杜泽逊亲眼过目《总目》
存目古籍版本五千多种，并记下了大量笔记。之后，他又在台湾等地图书
馆继续搜访，做笔记。经过长期积累，基本掌握了《总目》存目中几乎所
有古籍的版本流传及存佚情况。因此，《四库存目标注》是在作者的亲身
实践中形成的，其内容是经过作者考实的。

2007年，《四库存目标注》由上海古籍出版社出版。全书精装八册，
约370余万字，收录古籍6824种。全书按照《总目》的分类，将《总目》
中的存目书，先按《总目》提要列出原底本的书名、卷数、朝代、作者及

---

① 杜泽逊：《〈四库全书存目丛书〉成书始末》，《文史哲》1998年第3期，第
70—73页。

进呈者，然后根据相关书目和自己亲眼目睹，著录该书的各种传世版本。内容兼及考辨版本源流，订正前人讹误。凡经见者，皆详细记载该本之题签、行款特征、序跋、刻工及藏书印等信息，为古籍留下信史，为读者提供参考。对于此书的主要着力点，杜泽逊自己解释说："这部书是纯粹的版本学，成果是一部版本目录，换句话说，我着重考虑、描述的以及所附的按语主要是针对版本学，而对于内容是非、价值高低等皆不作探讨。……关于《四库提要》的一些史实部分，比方作者、卷数、书名、籍贯、刻地等问题，若在做的过程中发现了，可以附案语，就是说对《四库提要》作一点订正工作是有的。……不限定范围不行，工作量太大。所以主要是针对版本的问题，包括书名索引、撰校序跋人的索引、包括他们的别号，都给做出来了。"① 可见，《四库存目标注》虽以《总目》为整个工作的起点，但其研究并没有局限于对《总目》的补正问题上。甚至，对《总目》的补正工作已经不是这部书的主要使命。这是我们应该明白的。

此书的意义何在呢？诚如前述，纂修《四库全书》时，根据质量高低与内容良莠，书籍被依次分作应刊（有益于世道人心之书）、应抄（有裨实用之书）、应存（其中有俚浅讹谬之言）三个等级。体现在《四库全书总目》提要中，则有著录与存目之别。应刊、应抄之书，皆收入四库书中，在《总目》中即为著录之书。应存之书，不抄其书于四库中，仅存其书名、提要于《总目》，是为存目之书。但实际上，很多书籍被列入存目并非全因内容的低劣，而更可能是因为书中思想与清朝统治者要求不符，或由于其他多种因素，如倚声填词之作等。《四库全书总目》全书共著录

① 何淑苹、郑谊慧：《专访当代文献学家——杜泽逊教授》，《书目季刊》2008年第 2 期，第 123—149 页。

书籍 3461 种，存目书籍 6793 种。也就是说，《总目》介绍的书籍中有三分之二没有被收入《四库全书》。经历二百多年之后，他们的命运如何？还有什么样的版本存世？这样的问题，在以往有关《总目》的研究中，多被忽略，一般学者也很难作出回答。而《四库存目标注》一书，把此类问题解释得非常清楚。因此说，《四库存目标注》专注于《总目》存目书籍的版本与流传情况，填补了四库学研究中的一大空白。

九、《四库全书总目汇订》

《四库全书总目汇订》不是一部考辨性的个人专门研究著作，而是一部集以往辨误成果的总汇。该书于 2012 年 12 月由上海古籍出版社出版，编著者魏小虎。此书以中华书局拼接影印浙本《总目》为底本、上海古籍出版社影印文渊阁《四库全书》卷前武英殿刻本《总目》为对校本，采用繁体横排，新式标点。从《总目》版本意义上说，它属于浙本《总目》的一种。作者不满于 1997 年中华书局所出的第一部简体标点整理本《总目》"（注文）只是重点汲取了寥寥几家的成果"，还存在"选用底本不当、异文漏校或未作勘正、标点欠妥"等问题[①]，决定编出一个更加完整精良的校订本，这就是后来耗六年心血而成的《四库全书总目汇订》。《四库全书总目汇订》以《总目》为纲，汇集了六百余家中外学者的考订专著、文章，一一摘录分注于各篇之下，把《总目》原文提要与最新辨证相结合，一书在手，骊珠尽得。据初步统计，其中引用的辨证与补正成果有：余嘉锡 330 条，胡玉缙 193 条，王重民 134 条，李裕民 307 条，崔富章 120 条，杨武泉 647 条，杜泽逊 405 条，其他散见于各种报纸、杂志上的条目则更多。其间亦时有

---

① 魏小虎：《四库全书总目汇订·后记》，上海：上海古籍出版社，2012 年，第 6980 页。

作者本人的校勘和考证。全书套装十一册,前有杜泽逊教授所作长篇《序》文,次为《汇订凡例》。正文按《总目》编排,二百卷,卷首一卷。后有《附录》:一、引用文献;二、浙本、殿本《四库全书总目》优劣考论。最后是《后记》。《四库全书总目汇订》将《总目》与其辨证与补正成果汇为一帙,堪称集大成之作,无疑有功于广大学人。

第二节 《四库全书总目》笺疏

《四库全书总目》笺疏,并非是对整部《总目》进行的笺疏,而是一些学者针对其中的难解内容或精华部分所做的笺释与讲疏。有关著作,则以林鹤年的《四库全书表文笺释》、周云青的《四库全书提要叙笺注》和张舜徽的《四库提要叙讲疏》为代表。

一、林鹤年《四库全书表文笺释》

林鹤年(1857—1924),原名道忠,字朴山,广东茂名人。出生于粤西一书香世家,1888 年入读于两广总督张之洞创办的广雅书院。学成返乡后,担任当地梅坡书院院长。后至广州,任教于两广优级师范学堂(今中山大学前身)。培育英才众多,如民国政要林云陔、杨永泰等人。从教之余,积极从事乡邦文献建设,曾担任《广东文征》和《广东通志》编纂。诗文著述亦颇为丰富,已出版的有《四库全书表文笺释》四卷及《居思草堂诗钞》二卷;末及出版的有《读礼要义》《居思课集录》《毛郑异诂》《东北游日记》等,但惜多已散失。

早年读书时,林鹤年即对纪昀所作《奏进四库全书表文》非常钟爱,钦佩其用典的丰富博雅，心中已有为其做笺释的念头。但四五千字的《奏进四库全书表文》不仅用典丰富，而且典故多是有关纂修《四库全书》的新典，并关涉乾隆帝的御制诗文，所以极难理解。晚清学者李文田曾尝试过为《表文》做笺注，却终未尽其事。林鹤年早年的老师吴存甫"少壮时尝从事于此"，但仅"十得二三"。林鹤年决定继承师志，完成《表文》笺释工作。

求学于广雅书院，为林鹤年笺释《表文》带来了前所未有的优越条件。在广雅书院期间，他遍搜古籍，又先后求教于院长梁鼎芬、朱一新、廖廷相等硕学鸿儒，并与诸同学相切磋。平日里，林鹤年把书稿置于案头，每有所得便顺手抄录。经过十年积累，《四库全书表文笺释》粗具规模。受资料限制，《表文》中仍存在有不少疑惑待解之处，资料搜集工作又持续了若干年。1909 年春，林鹤年的好友章梫担任清廷实录馆纂修，林鹤年千里赴京，请章梫借出《御制诗》四集一百卷。读过之后，对于"国家修书之掌故、御笔之权衡"终于"一一得所依据"。不仅如此，林鹤年还博访学者通人，并拿李文田先前未能完成的《表文》注本互相参照，以定是非。前后历时约二十年，《四库全书表文笺释》最终完稿。

《四库全书表文笺释》完稿后，却因资金问题而无法刊刻。林鹤年将书稿随身携带，随处就正于友人。两广师范学堂的首任监督王舟瑶与林鹤年交好，林氏请其审定《笺释》并为之作序。之后，又就正于好友章梫。在上海，结识学者喻长霖，即以书稿请其订正。1914 年，经喻长霖介绍，藏书家刘承幹承担了《笺释》刊刻工作。1915 年夏，刻工告竣。

刘承幹刊刻的《四库全书表文笺释》共四卷，被列为其《求恕斋丛书》之一。封面题"四库全书表文笺释"，落款"广雅书院院长梁鼎芬题"，次页书"吴兴刘氏求恕斋校刊"。然后是四篇序文,作者分别是王舟瑶、喻长霖、林鹤年、刘承幹。序文之后,是《例言》,共十一条。正文部分,每卷题下标注"求恕斋丛书",并题"茂名林鹤年纂""吴兴刘承幹校"。每卷后还附有《补订》。1920年,林鹤年独立出版了《四库全书表文笺释》。该版本卷前题"庚申春茂名林氏居思草堂重校刊",仍为四卷四册,每卷下只题"茂名林鹤年纂",而无"吴兴刘承幹校"字样。正文内容略有修改。书后有落款:"广东广州城西湖街墨宝楼承刊印""侄正辉校字"。1984年,作为《求恕斋丛书》之一,《四库全书表文笺释》又由文物出版社木刻刷印,仍为四册。1989年,台湾新文丰出版公司印行的《丛书集成续编》第三册中,收有刘承幹刊刻本《四库全书表文笺释》四卷。

阅读《四库全书表文笺释》,可以发现此书有三大特点:

首先是笺释详尽。《四库全书表文笺释·例言》云:"表文典博,所谓杜诗韩文无一字无来历,故字字皆寻出典。"如对《表文》中"悬圃三成,上帝扩西昆之府"一句的笺释,作者引经据典,说明:悬圃——"春山之泽,清水出泉,温和无风,飞鸟百兽之所饮食,先王之所谓悬圃";三成——"成犹重也,昆仑山三重,故以名云";上帝——"上帝太乙神,在紫微宫,天之最尊者";府——"群玉田山,其山阿平无险,四彻中绳,先王之所谓策府。注曰:言往古帝王以为藏书册之府,所谓藏之名山者也";西昆——"历选皇猷,稽河图於东序;详观帝箓,披册府於西昆。昆仑山在西,故曰西昆"。最后附加按语"此言地文之盛"。纵观全书,每句笺释皆是如此,可谓一字一句,证其出处,寻其意旨。

其次是征引广博。据《四库全书表文笺释·例言》可知,全书"引证之书凡二百余种",而且在征引时"间有剪裁,以省繁冗"。由于作者力求"字字皆寻出典"，所以每句笺释中都征引了多部典籍。如对《表文》首句"伏以天玑甄度，书林占五纬之祥"的笺释，作者先后征引了《尚书》《尚书正义》《文选·宋文皇帝元皇后哀策文》《洛书甄曜度》《汉书·扬雄传》、祝允明《无题》诗、《竹书纪年》等。用力之勤，可见一斑。尤为值得注意的是，《笺释》中引乾隆帝《御制诗》独多。刘承幹在《笺释·序》中称："高宗论四库珍秘之本与辑录《永乐大典》诸书，其诗皆散著于《御制诗》第四集中，海内藏书家均未之见。"这也正是《笺释》迟迟不能定稿的原因之一。林鹤年借朋友章梫之便，最后得阅《御制诗》，才完成了《笺释》写作。《笺释》引录《御制诗》、上谕、《总目》提要等文字，是在每句笺释后的"按语"中出现的。这样以多种资料相互疏通证明，可以使读者理解《表文》之意旨，进而知晓修书掌故之所存、纂修《四库全书》之原委。

最后是阅读方便。为了读者的阅读方便，作者很是花费了一番心思。在格式上，《笺释》中以《表文》原文每两句为一个单位进行笺释（实际上就是骈文对偶句的一半，如上文所举例句），并且用大字体、顶格书写；笺释的文字则低二格，用小字体。这样使两种文字既醒目又主次分明。在征引典籍的时候，书名后皆用"曰"字。在还未使用标点符号的时代，这种做法起到了断句的作用，使读者更易识别文意。在内容上，对于《表文》中不常见的字，兼释音义。如"赝古诬真，五柳之名宜辨"一句，作者笺注："赝，音雁，伪物也。"涉及朝代人名，皆注之。一书数见、一典重出，则仅注于前，以省繁复。因时人皆具经学根柢，《笺释》引经、传、诗文时概从简略，引子、史诸书则间录其事始末，以广闻见。

综上所述，《四库全书表文笺释》是一部优秀的笺释之作。梁鼎芬评价此书"博雅详慎"①。有了《四库全书表文笺释》,《奏进四库全书表文》变得更易阅读。而《四库全书表文笺释》本身,亦是一部文献学的宝库。

二、周云青《四库全书提要叙笺注》

周云青(约1908—1974),江苏无锡人,目录学家、编辑出版家。1920年到上海医学书局,拜书局创办人、著名学者丁福保为师,协助收集资料、编辑书籍。1923年,丁福保编纂《说文解字诂林》,周云青奉命搜辑各家《说文》著述,编《说文》目录,书成之后,并为之作跋。与此同时,丁福保笺注《老子道德经》,又命周云青作《老子道德经书目考》一编,附于书后。此外,周云青还遵从师命,以四部分类法编纂李慈铭的《越缦堂读书记》。上世纪20年代后期,周云青开始独立编著、出版书籍,如《吴稚晖先生文存》《四库全书提要叙笺注》《四库全书提要八叙(第二版)》《四部书目总录样本》《四库未收书目提要补》(梁氏慕真轩藏稿本)、《秦妇吟笺注》《钱辛伯读说文段注札记》等。上世纪30年代,周云青先到上海中华书局,参加编纂《辞海》,后进入商务印书馆,参与《辞源》增订工作。上世纪40年代,由于时局动荡,商务印书馆内迁,周云青一度离开编辑工作。约在1947年,复至商务印书馆任编辑。50年代,周云青在商务印书馆将先师丁福保的《四部总录》遗稿整理出版,分为皇皇四编:《四部总录医药编》《四部总录天文编》《四部总录算法编》《四部总录艺术编》,此外尚有未及整理刊行的"史学编"。这是周云青在编纂出版方面的另一重要贡献。

《四库全书提要叙笺注》是周云青对《四库全书总目》中的四篇总叙、

---

① 刘承幹:《〈四库全书表文笺释〉序》,林鹤年《四库全书表文笺释》,北京:文物出版社,1984年,第9页。

四十四篇小序所做的笺注。《总目》四十八篇序文，作为《总目》之精华，向为学界所重。晚清学者江标于 1895 年首先将《总目》序文单独辑出，刊为《钦定四库全书总目提要四部类叙》，收入其《灵鹣阁丛书》。1921年，刘咸炘辑出单行本刊行，题为《四库全书提要类叙》，并于各部之序外又择抄按语。1923 年，梁启超在《国学入门书要目及其读法》一文中说："《四库全书总目提要》……宜先读各部类之叙录。"①周云青在《四库全书提要叙笺注·自序》中亦称："各部类序者，部序四、类序四十四，《四库提要》中，提要之提要也。凡六经传注之得失、诸史载笔之异同、子集流传之派别以及术数方外之余，悉有定评。洵研究国学之南针矣。"又云："云青服膺此书有年，乃窃师汉儒诂经之法，一一为之笺注。唯录征实之文，悉屏蹈空之论。费时凡五阅月，都经、史、子、集四卷。"这是第一次为《四库全书提要叙》做笺注。

周云青为《四库全书提要叙》做的笺注非常细致。对序文中的关键字词，除了释义，有时还引录诗文进行举例。如《经部总叙》中"如日中天"四字，注："中天，天之中央"，接着举出杜甫"中天悬明月"、吴澄"韩祖苏孙星北斗，周情孔思日中天"两句相关的诗句。注文中征引史书尤多。笺注《经部总叙》一段，就多次引用《史记》《汉书》《后汉书》《北史》的内容，以求追本溯源，明通其故。对序文中涉及的人名、书名、地名以及朝代年号、史实、典故等，皆有笺注。沈恩孚为该书《题辞》称："凡总叙、小序所引用之国故，为初学所有待考证者，一一为之笺注。可省读

---

① 梁启超：《国学入门书要目及其读法》，《饮冰室合集·专集》七十一，北京：中华书局，1989 年，第 16—17 页。

者检书之日力不少。"①

《四库全书提要叙笺注》中，有时也作简要的学术史梳理。如《经部·小学类序》中对《尔雅》一书的笺释，作者先讲它的篇数、性质，然后列举历史上对《尔雅》成书过程的说法，推许邵晋涵"为持说近古而有力者"，后总结《尔雅》："大抵始于周公，成于孔门，缀辑增益于汉儒，非出于一人之手也。"最后又对历史上《尔雅》的卷数变化做了介绍。同一页中，对《说文解字》的笺注，亦大致如此。先说是汉许慎撰，并简要说明其内容、分部、重要性，然后讲南唐徐铉、徐锴兄弟的"大徐本""小徐本"，最后谈到清中叶段玉裁、桂馥、王筠、朱骏声等人的研究成就，整段笺释用简洁的语言对《说文解字》的学术史作了扼要概括。

通观全书，《四库全书提要叙笺注》非常适合作为学习《总目》的入门之书。通过此书，熟习《总目》的四十八篇序文，可以对《总目》以及中国传统学术有一宏观的把握，进而深入《总目》之堂奥。而且，《四库全书提要叙笺注》中引用的古籍也较为丰富，读之或有举一反三之效。略有遗憾的是，此书在今天的市面上流传极少。

《四库全书提要叙笺注》初版于 1926 年 12 月。封面右上小字书"无锡周云青笺注"，中间大字书"四库全书提要叙"，左下小字书"上海医学书局发行"。但此书的全称，宜为《四库全书提要叙笺注》，版权页书名即是如此。书前有《自序》一篇，叙述了写作原委。书籍出版后，大约较受欢迎，1927 年 7 月即再版，再版时《自序》前增加了沈恩孚所作《题辞》一篇。1929 年 6 月，又出了第三版。此后，久未刊行。1971 年，台

---

① 沈恩孚：《四库全书提要叙笺注·题辞》，周云青《四库全书提要叙笺注》，上海：上海医学书局，1926 年，第 1 页。

湾"中国辞典馆"复馆筹备处将之收录于《四库全书概述》中出版。1977年，台湾"中国学典馆"复馆筹备处又将其收入《四库大辞典》中出版。1982年，台湾洪氏出版社出版《四库全书简明目录》时，附录了重新排版的《四库全书提要叙笺注》。

三、张舜徽《四库提要叙讲疏》

讲疏是晋代兴起的一种说经体裁，或称义疏、述义、义钞、文句义、义略等，皆因讲论而发。讲疏解说古籍，疏通文义，探义理之隐曲、明学术之流变，有独特之功。非对古籍研究至深者，无法有义疏之作。著名文献学家张舜徽的《四库提要叙讲疏》是关于《四库全书总目》的唯一一部讲疏体著作。

张舜徽（1911—1992），湖南沅江人，历史学家、文献学家。出生于书香世家，幼承庭训，转益多师，尤受姑父、目录学家余嘉锡影响。一生著述二十余种，代表作有《广校雠略》《清人文集别录》《中国文献学》《清人笔记条辨》等。在华中师范大学执教四十年之久，曾任中国历史文献研究会会长，是中国第一位历史文献学博士生导师。

张舜徽治学淹贯四部、博通古今，是当之无愧的学术大师。刘梦溪曾称誉说："章黄之后，如果还有国学大师的话，钱宾四先生和张舜徽先生最当之无愧。"又称张舜徽"学兼四部"，"是真正的通儒，所为学直是通人之学"①。诚哉斯言。

1946年，张舜徽应兰州大学辛树帜之邀，至兰州大学中文系任教。8月，舜徽先生为讲授"国学概论"课程，编成讲义，即为《讲疏》。其《自序》谓："往

① 刘梦溪：《学兼四部的国学大师——张舜徽先生百年诞辰述感》，《光明日报》第15版"国学"，2011年6月20日。

余为大学文科讲授'国学概论'，即取《四库全书总目提要叙》四十八篇为教本"。所谓四十八篇，乃指《四库全书总目》的经、史、子、集四部总叙及四部之下的四十四类小序。这些"叙"贯通和蕴含着丰富的文化讯息，是解读中国古代学术与思想文化的重要门径。张舜徽十分重视《四库提要》，服膺张之洞《輶轩语》中"将《四库全书总目提要》读一过，即略知学问门径"的论断。在卷帙浩繁的《四库提要》中，他又独具慧眼地体察到"叙"的重要性，提出"余则以为此四十八篇者，又门径中之门径也"。如能对《四库提要》之叙"熟习而详绎之，则于群经传注之流别，诸史体例之异同，子集之支分派衍，释道之演变原委，悉了然于心，于是博治载籍，自不迷于趣向矣"[①]。为此，他"取《四库总目》中四十四类小序，四部总叙，一一为之详加疏解，细作笺释，明其渊源，畅其流别"。是为《四库提要叙讲疏》。

《四库提要叙讲疏》的叙述体例是："首取《提要》本书以相申发，次采史传及前人旧说藉资说明，末乃附以愚虑所及而讨论之。"如《总目·史部·地理类序》叙述古今地理之书，分为十类，《讲疏》评论说："《四库总目》综录古今地理之书，区分门类，以类相从，可谓剖析有条理矣。顾吾以十类之中，总志及都会郡县，宜合为一而扩充之，在史部中别立方志一门，以与地理并列。自来簿录之家，不立方志独为一类，乃书目中缺陷也。亦由前人不重视方志之探研，仅目为地理书之附庸耳。"其间既有疏通申发，又有个人评断。《四库提要叙》穷源溯流，对中国古代学术的流派、学风、著述体例进行了勾勒，并有得失评判；《讲疏》则对《四库提要叙》进行纠谬、补偏与申发，从而合璧成一部杰出的学术史著述。《讲

---

① 张舜徽：《四库提要叙讲疏·自序》，第 1 页。

疏》对于研习中国学术史，大略有以下几方面之好处：1. 疏通学术流变；
2. 探源著述体例；3. 辨章学术大端；4. 示以治学方法。台湾著名学者胡
楚生在《〈四库提要叙讲疏〉跋》中评价道："读是书者，手此一编，而
于《四库总目》所有各序，委实有观澜索海、探本寻源之乐，亦不啻周览
数十种学术流变之发展史也，则其有功于后学者，岂浅鲜哉！"

　　张舜徽先生的《四库提要叙讲疏》与周云青的《四库全书提要叙笺注》
是两种不同文体的著作，但二者的研究对象是一样的，都是《四库全书总目》
的四十八篇序文。如果拿二者进行比较，则《笺注》着重于"注释、说明"，
《讲疏》着重于"疏通、申发"；《笺注》的文字追求"征实"，《讲疏》
的文字长于"议论"；《笺注》的方法是"窃师汉儒诂经之法，一一为之
笺注。唯录征实之文，悉屏蹈空之论"，《讲疏》的方法是"首取《提要》
本书以相申发，次采史传及前人旧说藉资说明，末乃附以愚虑所及而讨论
之"；《笺注》对一个字、词就可以进行笺注，《讲疏》多是对一段话进
行讲疏；如果说《笺注》着眼于"点"，那么《讲疏》则着眼于"面"；《笺
注》适于初学者，《讲疏》则需要对传统典籍具有一定的了解。

　　《四库提要叙讲疏》虽著于 1947 年，但直到 1988 年才收录于作者的
《旧学辑存》一书中出版。2002 年，台湾学生书局将之列入《文献学丛刊》，
独立成册。2005 年，云南人民出版社把它作为《二十世纪学术要籍重刊》
之一种，再次出版。《四库提要叙讲疏》的出版虽比《四库全书提要叙笺注》
晚了六十多年，但它的社会影响却远较后者为广泛。

　　四、其他笺疏著作

　　据林庆彰主编的《乾嘉学术研究论著目录（1900—1993）》载，1975
年 12 月台北出版有《四库全书总目类叙注》一书，注者刘新华。该书 366 页，

属于注者自行刊印①，市面鲜见流传。从书名看，它是对《总目》类叙进行注解。其内容如何，无法评断。

在《四库全书总目》笺疏方面，近年来武汉大学的司马朝军教授也做了不少工作。司马朝军在其著作《〈四库全书总目〉研究》与《〈四库全书总目〉编纂考》中，对《奏进四库全书表文》有部分引录，并进行了疏证。前一书中，疏证有83条，后一书中在前一书的基础上又多出7条。司马朝军在著作中选择《表文》进行疏证，是为了说明乾隆帝对《总目》的钦定作用。

司马朝军在另一著作《〈四库全书总目〉精华录》中，则精选《总目》提要1000则，进行分别注释。其中，经部211则，史部200则，子部264则，集部325则。所选提要，大致分为两大部分：一是能够代表中国文化的经典文献，二是书未必重要但提要写得精彩者。所做注释，涉及人物生平，今人较生疏的地名、词语、名物制度，以及古籍的真伪与是非等问题。"凡异同错出者考之，是非歧似者辨之，义理未发者阐之，旧说有误者正之，无可考定者存之。"②颇便中等以上文化程度者阅读学习。该书对《总目》的总叙与小序，亦悉数录入，只是注释稍少，每篇仅注三五条而已。

有关《总目》的笺疏，2008年复旦大学陈尚君、张金耀主撰的《四库提要精读》也属于一部优秀著作。此书是复旦大学中文系所编的《汉语言文学原典精读系列》之一。作为大学教材，书中精选了《总目》经、史、子、集四部各类目共48篇提要，进行详细解读。对于所选篇幅较长的提要，

---

① 林庆彰主编：《乾嘉学术研究论著目录（1900—1993）》，台北："中央研究院"中国文哲研究所筹备处，1995年，第109页。

② 司马朝军：《〈四库全书总目〉精华录·例言》，武汉：武汉大学出版社，2008年，第1页。

则分段解读。这种解读由提要内容出发，对典籍中涉及的相关知识或拓展
延伸，或深入阐释。阅读此书，对于初学者不但可以了解古文献的面貌，
加深对基本典籍的认识，而且可以了解传统学者治学读书的格局和方法，
增进对传统学术理路的体会与认识，乃至掌握阅读利用古代典籍的基本原
则与方法。

第三节　《四库全书总目》学典

《四库全书总目》学典，乃是指对《总目》的辞典化重构。《总目》
本身虽是一部目录书，但它卷帙浩繁，翻阅颇为不易。早在《总目》编撰
之初，乾隆帝就意识到了这一问题，提出另编《简明书目》，即是后来的
《四库全书简明目录》二十卷。《简明目录》对《总目》提要做了大幅精简，
但它只收"著录"之书。乾隆末年，学者胡虔有鉴于此，对《总目》中的
"存目"部分集中整理，编成《四库全书附存目录》十卷，书中不收提要，
仅记存目书名、卷数、朝代、撰人。清同治九年（1870），费莫文良合"著
录"与"存目"撰成《四库书目略》二十卷，亦仅记书名、卷数、撰者。
这些做法，实即对《总目》的缩微简化，虽方便翻阅，但在不熟悉《总目》
分类的情况下要迅速查找某一著作或某一作者仍非易事。晚清时期，范志
熙编《四库总目韵编》，书前有同治十年（1871）所作自序，书中分上平、
下平、上、去、入声，凡五册，以书名首字按韵分编，书名之下，标明作
者与所属类目。此书虽方便了检索，但其中讹误较多。

民国时期，"四库学"奠基人陈垣作《四库撰人录》，以《总目》所

载撰人姓氏笔画为序（同姓者再以朝代为序），详列各撰人生平小传，以及所撰书名、卷次、类属。较便于因人索书。陈垣又著《四库书名录》，以《总目》所载书名首字笔画为序，同字者再以朝代为序，同朝代者再以类为序，各书名下系以撰人、类属，以便按书求人。但陈垣先生的这两种著作一直未予公开出版，《陈援庵先生全集》《陈垣全集》中亦未收入。

1926 年，陈乃乾编制《四库全书总目索引》三册，与上海大东书局出版的石印本《总目》一起发行。陈氏所编《索引》按姓氏笔画排列，姓氏相同者则按《康熙字典》部首次序排列。人名之下，列其著作与所属类目。此种方法，较易得知某人有某著作若干种，但如果仅知书名而不知作者则无从查起。尽管如此，此书在当时还是产生了较为广泛的影响。

1929 年，时任浙江省立图书馆馆长的杨立诚编制了《文澜阁书索引》与《四库目略》两书。《文澜阁目索引》与陈乃乾《四库全书总目索引》相反，它以书名首字笔画简繁为序。书中用表格的形式列出文澜阁书名、著者、卷数、册次、架数以及写录之年月。但它仅便于检索文澜阁库书，且未收存目之书。《四库目略》一书，初版四册，书中依《总目》各部类次序排列，采用表格形式，从上往下分栏列出各书的书名、著者、卷数、版本、书旨。此书合提要与版本于一编，内容清晰了然。1970 年，台湾中华书局曾将《四库目略》精装两册出版。

1932 年，燕京大学图书馆引得编纂处编定了《四库全书总目及未收书目引得》。此引得是在美国人魏鲁男（James R.Ware）所编《四库全书总目引得》的基础上，由翁独健等人校订，增附《未收书目引得》而成。分上、下两册，前有引得编纂处主任洪业所作序言。内容主要有书名引得、人名引得，其次还有拼音引得、笔画引得。《四库全书总目及未收书目引得》

是《总目》索引编制中较为出色的一部。此后，各种《总目》索引仍有不断涌现，但多附于《总目》书后，且多为纯粹的检索而产生，学术性越来越弱。

民国时期，在《总目》辞典化重构上做出较大成绩的是杨家骆。他的代表作品，则为 1931 年出版的《四库大辞典》。

杨家骆（1912—1991），江苏南京人。出生于书香世家，自幼熟习经史。早年毕业于东南大学附中，后入国学专修馆肄业。1928 年进教育部图书馆工作。1929 年下半年，应商务印书馆王云五之邀，参加编纂《万有文库》。1930 年春辞职回南京，正式从事出版工作，创办中国辞典馆和中国学术百科全书编辑馆并任馆长，先后编撰出版了《四库大辞典》等巨著。抗战期间，迁馆重庆，继续从事编辑出版工作。1940 年，他把中国辞典馆和中国百科全书编辑馆已经出版的 25 种著作和 48 种定稿本，以及有关目录学的 57 种稿本先改编为《世界学典》中文版各分册。1946 年回上海，编撰出版《四库全书学典》。同年，他与李石曾、吴稚晖等人倡议，要求国民政府设立机构，效仿《四库全书》义例，编纂《中华全书》，以利中国文化之建设。1948 年杨家骆去了台湾，先后在世界书局和鼎文书局任职，主编《中国学术名著》《中国学术类编》一千五百余册，并在台湾大学、台湾师范大学等高校讲授目录学。应台湾"教育部"之邀，编纂《中华大辞典》。他还把多年搜集的《永乐大典》残卷影印出版。杨家骆一生致力于中国文化的整理与传播事业，并取得了杰出成就，被海内外学者誉为"今日之纪晓岚"。

杨家骆在《总目》研究上的成果首推《四库大辞典》，此书是杨家骆从 1928 年到 1931 年花费三年时间所写，1931 年 11 月由中国图书大辞典编辑馆出版。《四库大辞典》为检索《四库全书总目》而编，它将《总目》一书辞典化。杨家骆认为，《总目》存在"四失"：翻检不便，是其一失；不以人名立条，是其二失；不能要言不烦，是其三失；不详撰人生平，是其四失。[①] 此"四失"给读者利用《总目》带来很多不便，如不明类次便无从下手、仅知撰人仍难以检索等问题，杨家骆编撰《四库大辞典》，就是想解决这些问题，"以恢宏《总目》之用焉"。

《四库大辞典》是一部集辞典、索引与书目为一体的工具书。它以《四库全书总目》著录与存目各书及其著者作为词条，将书名、人名各立条目，其中书名一万余条，人名七千余条。书名条下有提要、版本、原属类次；人名条下有所著书名、传记、传记参考书等。所谓："书名人名，各立专条。提要传记，删繁增略。著录之籍，略志版本之目。传记之后，并录失收之书。事涉考证，亦略条辨。按辞典式排列，取便检寻。"[②] 该书采用四角号码检字法排列，条目间还有"参见"关系。全书 250 余万字，体例谨严，信息量大，实用性强，是查阅《四库全书》、使用《总目》的一部简易便捷的辅助工具书。

《四库大辞典》出版之后，好评如潮，反响强烈，众多名人为之题词，短短几年一版再版。出版家王云五为此书所写序言称："是我国第一部最适用最便检查的图书大辞典，对于我国读书界向来所感'从何处读起'的困苦可以一举解除。"目录学家姚名达说："杨家骆撰《四库大辞典》，以撰人、书名为条目，节《提要》之略以为解题，且述其编校之经过，甚便参考，亦目录学之似因实创之作也。"[③] 1949 年以后，《四库大辞典》

---

① 杨家骆：《四库大辞典·自序》，南京：中国图书大辞典编辑馆，1935 年，第 2 页。
② 杨家骆：《四库大辞典·自序》，第 2—3 页。
③ 姚名达：《中国目录学史》，上海：上海古籍出版社，2002 年，第 163 页。

在台湾多次重印出版。在大陆，1987 年北京市中国书店以二卷本形式将其影印出版，并易名为《四库全书大辞典》。

《四库大辞典》完成之后，杨家骆"掇其中关于《四库全书》者"，写成《四库全书概述》一书，附于《四库大辞典》之后。《四库全书概述》包括"文献""表计""类述"和"书目"四大部分，其中"文献"部分篇幅最大，最为重要，详细论述了《四库全书》的编纂经过等。《四库全书概述》于 1931 年底问世后，在台湾地区有单行本多次重印出版。

1946 年，杨家骆又撰写了《四库全书通论》，约 15 万言。该书共有九章，分别为：导言、《四库全书》的知识体系、《四库全书》史上的几个主要命题、《四库全书》统计、关于《四库全书》的百种专书、《四库全书》前后清算知识的工作、续修《四库全书》《世界学典》《世界学典》中文版中的《四库全书学典》。《四库全书通论》对《四库全书》的知识体系、分类理论、编纂方法、体例得失以及它在整个世界文库中的地位等，都有详细的评述。全书视野宏阔，思路新颖。正如作者所自信宣称的，该书"在中国首次以——新的哲学、新的知识论、新的方法论，施之于古老的《四库全书》"，"站在学术无国界的立场上……从整个世界整个知识来观察《四库全书》"[①]，从而以一种宏大的气魄以及全新的视野和研究方法，真正地使"四库学"具有了学科性、整体性、文化性与世界性。从价值和意义上言，杨家骆的《四库全书通论》列入民国时期"四库学"的"典范"著作之列本是当之无愧，但他所指示的研究方法和方向却因"受了历史的拘束力"，未能在"四库学"研究者中引起回响，形成一种研究常态。

---

① 杨家骆：《四库全书通论》，《四库全书学典》，上海：世界书局，1946 年，第 127—128 页。

　　杨家骆把《四库全书通论》与改编后的《四库大辞典》等一起，扩充为《四库全书学典》，1946 年由上海世界书局出版。《四库全书学典》包含三大部分内容。《四库全书通论》即为第一部分；第二部分就是根据《四库大辞典》改编而成的《四库全书辞典》，为全书的主体部分。除了之前的 1.7 万多书名、人名词条，又新增了 1.3 万多个参见条目，包括书的异名、人的别名、作者的四库失收书名等；第三部分为《四库全书综览》，汇集了各种有关《四库全书》的统计资料，较具学术与参考价值。1994 年，《四库全书学典》被易名为《四库全书百科大辞典》，作为"历代工具书精品丛典"之一，由警官教育出版社出版。

　　有人说，就数量而言，杨家骆堪称民国时期在《四库全书》研究领域成果最为丰硕的学者，其实此论并没道出杨家骆在"四库学"上最有特色的贡献，杨家骆在"四库学"领域的开拓有二，一是编制了篇帙浩繁、便捷实用的工具书，为《总目》与《四库全书》的检索利用提供了方便；二是以"新的哲学、新的知识论、新的方法论施之于古老的《四库全书》"，"从整个世界整个知识来观察《四库全书》"，表现出与纠谬补正一路不同的研究态度，为后来的《总目》及"四库学"研究者提供了新的思路。因此说，杨家骆与陈垣、余嘉锡、胡玉缙等人一样，为民国时期《总目》研究的代表人物，他的著作亦成为《总目》研究的又一"典范"。

第四节　《四库全书总目》的文化史研究

　　如前所述，早在民国时期，杨家骆基于文化研究的立场，已经提出了

"四库学"研究的新方法。它不再去细究版本的来由、文字的正误，转而关注《四库全书》的文化价值与知识本质。遗憾的是，由于传统研究范式的强大惯性，杨家骆的研究思路在当时以及后来相当长一段时间内并未能得到注意，更鲜有继承与发扬者。直至1991年周积明《文化视野下的〈四库全书总目〉》一书出版，此种局面方为之一变。

一、周积明《文化视野下的〈四库全书总目〉》

周积明，1949年生，浙江镇海人，湖北大学教授。专著有《文化视野下的〈四库全书总目〉》《纪昀评传》《最初的纪元——中国早期现代化研究》等，合著有《中华文化史》《震荡与冲突——中国早期现代化进程中的思潮和社会》《正说纪晓岚》等，主编《中国社会史论》《湖北文化史》等。

《文化视野下的〈四库全书总目〉》是周积明在"四库学"研究中的代表作。该书有两个版本。1991年4月，广西人民出版社初版；2001年10月，中国青年出版社再版。再版时，经历了较大的修改，结构也有所调整，初版的四章变成了后来的五章。《文化视野下的〈四库全书总目〉》是第一部从文化史的角度研究《总目》的专著。在该书出现以前，有关《总目》的研究基本上是沿袭刊误、补正、考核、纠谬的朴学学术路数进行的。然而，作者认为，包括《四库全书总目》在内的中国古典目录，其本质是人类的文化实践活动，其间无一例外地积淀和凝聚着主体的价值观念、审美意识、情感趋向、理想愿望以及知识、才能等文化品性，蕴含着活生生的灵魂。如果对于中国古典目录，"只是从客体的或直观的形式去理解"，不去反映主体，不去追寻深蕴其间的文化品性，那么，必然无法取得对书目的真正认识。基于这样一种文化理解，作者一反传统"四库学"的研究路数，着力透过《总目》的"外壳"，把它置于一个生动的文化整体中加以还原和分析，从中探寻中国文化的"种族心理"、18 世纪的"时代心理"以及《总目》制作者的"群体心理"，从而以令人耳目一新的思路与见解突破了传统"四库学"的研究架构，开辟了《四库全书总目》文化研究的新领域。

《文化视野下的〈四库全书总目〉》出版之后，在海峡两岸学术界产生了较大的影响，围绕此书先后出现了多篇书评。其中，《文本解读——周积明〈文化视野下的四库全书总目〉读后》对周著方法论的意义进行了阐述，文章说："作为社会科学一般方法论的阐释学（狄尔泰如是观），近年来已被介绍到中国来，从文本的字里行间发现符号的下面深藏不露的'意义'，也深得有识之士的赞同。但是，虽然鲁迅先生《狂人日记》中发现'吃人'那句名言颇有些阐释学味道外，至今用这种眼光来进行研究的具体成果尚属稀见。我感到周积明这部专著即属其一。因为作者意图'穿透古典目录的物化外壳，追寻深藏其间的文化灵魂'。他力图通过此'从一个新的角度、新的领域去获得对传统的更为深入的认识'，虽然并未言明这个角度或领域是什么，然而窃以为这便是文化阐释学。作者不满于传统'四库学'对《总目》的'纠谬补遗'，而要进一步'将它置于一个生动的文化整体中加以还原和分析，捕获它的魂灵'，象丹纳那样去寻找'一个时代的心理，一种种族的心理'，便是说明。"① 《传统国学研究的新思路——评周积明著〈文化视野下的四库全书总目〉》认为，周著建立了"对《总目》的全息认知方式和现代学术批评精神"，"不失为国学研究的上

---

① 石玉（赵世瑜）：《文本解读——周积明〈文化视野下的四库全书总目〉读后》，《江汉论坛》1992 年第 10 期，第 81 页。

乘佳作"①。《清代文化史研究的新创获——读〈文化视野下的四库全书总目〉》一文，认为该书"深入《总目》的堂奥"，"为清代文化史乃至中国典籍文化研究带来了新鲜气息"②。《文化品性：古典目录深层内涵的展现——评〈文化视野下的四库全书总目〉》称周著"向人们展示了一种全新而系统的研究思路"③。《〈四库全书总目〉研究的新成果——读〈文化视野下的四库全书总目〉》一文，则认为周著"不仅视野开阔，别开洞天，而且富于哲理思辨与潇洒文采"④。武汉大学图书情报学院九四届硕士研究生阮阳在其学位论文《二十世纪的〈四库全书〉的出版和研究》中，以"《四库全书》研究的新视角"为一节，专门评述了周著的学术意义，称其"以独特的切入点、宏阔的视野、详密的论证，破译了《四库全书总目》的文化密码，把《四库全书》研究推入到一个全新的高度，在'四库学'研究史上具有举足轻重的地位，为'四库学'乃至目录学的发展开拓了视野、开辟了新径"。

二十五年后回看《文化视野下的〈四库全书总目〉》，不难发现，其研究在整体上较为粗疏，资料考证未精，论证未及详密周到，尤其是关于纪昀与《四库全书总目》思想观念的关系，论述平面化，未能深入揭示其中复杂的权力关系。但这部著作的出现，毕竟以一种新鲜的挑战，打破了《总

---

① 彭池：《传统国学研究的新思路——评周积明著〈文化视野下的四库全书总目〉》，《学术月刊》1992 年第 7 期，第 74—77 页。

② 邓方：《清代文化史研究的新创获——读〈文化视野下的四库全书总目〉》，《清史研究》1992 年第 4 期，第 120—122 页。

③ 李国新：《文化品性：古典目录深层内涵的展现——评〈文化视野下的四库全书总目〉》，《图书馆》1993 年第 1 期，第 73—74 页。

④ 王余光：《〈四库全书总目〉研究的新成果——读〈文化视野下的四库全书总目〉》，《社会科学研究》1994 年第 2 期，第 141—142 页。

目》研究中以刊误补正占据统治地位的传统格局，从方法论和视野上为《总目》研究开启了新的思路，对后来的研究者产生了较为重要的影响，这是它的主要贡献。自此以后，《总目》研究越来越呈现出多样化的趋势。

二、张传峰《〈四库全书总目〉学术思想研究》

张传峰，1963 年生，浙江德清人，浙江外国语学院教授。1988 年在浙江师范大学获古典文学硕士学位。2002 年在浙江大学获古典文献学博士学位。主要从事古典文学、古典文献学、唐宋诗词等方面的研究，专著有《〈四库全书总目〉学术思想研究》，在《文学遗产》等刊物发表论文 30 余篇。

《〈四库全书总目〉学术思想研究》是作者在博士论文的基础上修改而成，学林出版社 2007 年 6 月出版。该书内容结构并不复杂。第一章《绪论》，对《总目》及其研究概况与意义做了介绍。第二、三章分析纪昀与《总目》的学术思想，其中第三章重点论述《总目》中的唐宋诗学批评；第四章论述乾隆与《总目》的学术思想；最后的第五章，从 18 世纪学术思潮的高度审视《总目》的学术思想。

作者虽然肯定《总目》的著作权不能归于纪昀一人，但也明确地认为："作为《四库全书总目》的总纂官，纪昀个人的学术思想在《四库全书总目》中是得到了相当充分的表现的，《四库全书总目》的学术思想与纪昀个人的学术思想关系密切。"① 由这一观点出发，作者用两章的篇幅具体考察并揭示了纪昀的学术思想在《总目》提要中的各种体现，论证说明了纪昀与《总目》学术思想之间的密切关联。其中主要是从纪昀的汉宋学术观、《易》学思想、关于《诗经》的评论、文字音韵学思想以及诗学批评等方

---

① 张传峰：《〈四库全书总目〉学术思想研究·绪论》，上海：学林出版社，2007 年，第 36—37 页。

面来考察的。当然，重点是落在对《总目》学术思想的评述上，尤其是作者所专长的唐宋诗学领域。

乾隆皇帝与《总目》之关系，向为学者所论及。作者所做的，主要是将乾隆帝的诗文、圣谕与提要进行对照，从"御题诗文"、乾隆的正统论、夷夏之辨以及对于道学家、东林党讲学的批评指责等方面，具体分析了乾隆的思想在《总目》提要中的诸多表现，比较有力地论证了乾隆皇帝对《总目》学术思想存在的影响。

《四库全书总目》这样一部皇皇巨著，其内在的学术思想异常纷繁复杂。在《〈四库全书总目〉学术思想研究》一书中，作者以纪昀、乾隆帝与《总目》学术思想之间的关系为视角，来揭示《总目》所蕴含的丰富的学术思想，这既是此书的主要特色，也是它的局限之所在。在最后一章，作者将《总目》置于整个 18 世纪学术思潮之中，来揭示《总目》的精神品格与学术内涵，扩展了视野，弥补了不足。在有关《总目》学术思想研究方面，此书为一部专门之作。

三、陈晓华《"四库总目学"史研究》

陈晓华，1972 年生，重庆人，首都师范大学教授。1992 年毕业于重庆师范学院，2001 年在西南师范大学（今西南大学）获文学硕士，2004 年在北京师范大学获历史学博士学位。2008—2011 年，在首都师范大学历史学院全球史专业从事博士后研究工作。主要从事历史文献及传统文化、明清史、全球史教学与科研工作。合撰有《中国文化世家·巴蜀卷》《〈华阳国志〉研究》等，专著有《"四库总目学"史研究》《〈四库全书〉与十八世纪的中国知识分子》。

《"四库总目学"史研究》一书是由作者的博士论文修改而成，商务印书馆 2008 年 10 月出版。该书是一部关于《总目》研究成果的总结性著作，"尽力于 200 多年来《总目》研究的清理，把文献研究与文化史和学术史的研究相结合，以辩证唯物论和历史唯物论的立场和观点为指导，将宏观研究与微观探讨相结合，从层面上分各个角度展开，对 200 多年来《四库全书总目》的传衍、补续、考订、思想研究等进行了系统研究"①。

《"四库总目学"史研究》的内容除"绪言""结语"外，共六章。"绪言"部分提出并界定了"四库总目学"与"四库总目学史"两个概念，说明了该书的研究目标。正文六章，首先交代了《总目》编撰的时代背景与问世过程，然后分别从补撰、续编、辨证、学术价值、思想文化等方面对与《总目》有关的学术成果作了系统的梳理总结。最后"结语"部分，对历史上的《总目》研究进行了分期，归纳了《总目》的研究方法与流派，并对"四库总目学"予以前瞻。全书框架清晰，内容详备，叙述流畅，对《总目》学术发展史第一次做了完整总结。

首倡"四库总目学"是陈晓华《"四库总目学"史研究》一书的重要创新。作者认为："广义的'四库总目学'包括以下内容：一是对《四库全书总目》编撰过程的研究，以及对《四库全书总目》补订、续编、批评与研究；一是对《四库全书总目》研究方法的总结；一是对已有《四库全书总目》成果的批评和研究，实为间接的、二次的《四库全书总目》研究。狭义的'四库总目学'则只包括上述内容的第一部分，即专指对《四库全书总目》的补订等研究。"②《"四库总目学"史研究》一书就是在作者认为的广义"四库总目学"概念的基础上展开的。

---

① 陈晓华：《"四库总目学"史研究·后记（二）》，第 505 页。
② 陈晓华：《"四库总目学"史研究·绪言》，第 1 页。

陈晓华提出的"四库总目学"的概念虽然富于新意，却似乎难以成立，至少它不能解答的是，"四库总目学"与此前学术界普遍接受的"四库学"是什么关系？是"四库学"包括"四库总目学"，还是"四库学"等于"四库总目学"？在"四库学"概念普遍为学术界接受的情况下，是否有必要另立新帜，建立一个所谓的"四库总目学"？如上这些问题，都还有待陈晓华在以后的研究中予以回答。

第五节　《四库全书总目》的文献学研究与编纂研究

《四库全书总目》的文献学研究与编纂研究，本应列为两个方面，但因在这两个领域作出出色贡献的是同一位作者司马朝军，因此合列为一节。

司马朝军，又名马朝军，1967 年生，祖籍湖北公安，生于湖南南县。1990 年在武汉大学获文学学士学位，2001 年在武汉大学获管理学博士学位。2001—2003 年在复旦大学中国语言文学博士后流动站从事博士后研究工作。现为武汉大学教授。著作主要有《〈四库全书总目〉研究》《〈四库全书总目〉编纂考》《黄侃年谱》《文献辨伪学研究》《〈四库全书总目〉精华录》《〈四库全书〉与中国文化》《〈輶轩语〉详注》《古文献概要》《国故新证》等。

司马朝军是近年来在《总目》研究方面用力最深、成果最突出的学者之一。《〈四库全书总目〉研究》与《〈四库全书总目〉编纂考》则是他在《总目》研究方面的两部扛鼎之作。

一、《〈四库全书总目〉研究》

《〈四库全书总目〉研究》一书，由作者在博士论文的基础上修改而成，2004 年 12 月社会科学文献出版社出版。全书共有八章。除第一章、第二章分别考证了《总目》的编撰过程与版本问题外，其余六章主要是从文献学的角度全面探讨《总目》的学术内涵。对于全书的宗旨，作者在书后的《补记》中说："试图从文献整理的角度出发，即以分类学、目录学、版本学、辨伪学、辑佚学、考据学等传统学术视角，全面深入地考察《总目》，对其内涵做一次全面发掘。"由于作者具有扎实的文献学功底，所以书中对《总目》相关领域的分析能够做到全面而深入，且精彩之处颇多。例如：第五章《〈四库全书总目〉与版本学》中，作者在分析《总目》根据书籍形式鉴定版本时，从《总目》的实例出发归纳了七点：根据序跋、根据避讳、根据牌记、根据字体、根据纸张、根据藏书印、根据版式；总结"《四库全书总目》之善本观"时，正面标准总结了八点，负面标准总结了十四点。第八章《〈四库全书总目〉在考据学上的贡献》中，总结"《四库全书总目》之考据方法"，在大量的例证基础上，前后罗列了二十九条方法，实可谓竭泽而渔，务求穷尽。正是在这种实证研究与理论分析相结合的基础上，作者发前人所未发，得出很多新的结论。

《〈四库全书总目〉研究》的价值，主要在于它从文献整理的角度对《总目》作了全面系统的发掘，揭示了《总目》在文献学各方面的丰富内涵。在《总目》文献学研究领域，《〈四库全书总目〉研究》当为第一部专著，短时期内大约也无能出其右者。

二、《〈四库全书总目〉编纂考》

《〈四库全书总目〉编纂考》是司马朝军在《总目》研究上的另一力

作，此书于 2005 年 11 月由武汉大学出版社出版。它原是作者在博士后流动站的出站报告，由《〈四库全书总目〉研究》第一章引申扩展而成，但篇幅却比《〈四库全书总目〉研究》要大得多，共达七十余万言。

《〈四库全书总目〉编纂考》分上、下两编。上编"总论"有四章，分别为：分纂官与《四库全书总目》、总纂官与《四库全书总目》、总裁官与《四库全书总目》、清高宗与《四库全书总目》。下编"分论"也是四章，分别是：翁方纲与《四库全书总目》、邵晋涵与《四库全书总目》、姚鼐与《四库全书总目》、沈叔埏与《四库全书总目》。下编的篇幅较重，占了全书的三分之二还要多。而下编的主要内容，则是分别以《翁方纲纂四库提要稿》、邵晋涵《南江书录》、姚鼐《惜抱轩书录》、沈叔埏《颐彩堂文集》有关文稿与《四库全书总目》的相应提要内容作比较。其中论述最具体的《翁方纲纂四库提要稿》部分，占了全书内容的一半。

以书中对《翁方纲纂四库提要稿》与《四库全书总目》的比较为例，作者把翁方纲的一千多条分纂提要稿与《总目》提要进行逐条比对，其异同结果被归纳为六大类：相同类（41 条，约占 3.65%）、增饰类（又细分：增材料 79 条，约占 6.87%；增评论 144 条，约占 12.52%；增案语 144 条，约占 12.52%）、删改类（又细分：删材料 9 条，约占 0.78%；删评论 7 条，约占 0.61%；改材料 43 条，约占 3.83%；改评论 91 条，约占 7.91%）、未撰提要类（123 条，约占 10.70%）、重拟类（311 条，约占 27.04%）、《总目》未见著录类（148 条，约占 12.87%）。可以看得出，作者所下的考证功夫极其琐细、深入。没有对大量原始资料的细致爬梳与系统整理，是无法进行如此分类，得到这些准确数据的。该书的研究结果对于了解各分纂官的学术思想、《总目》的编撰过程、《总目》的学术思想乃至乾嘉学术均具有重要意义。

《〈四库全书总目〉编纂考》的主要着力点，在于通过对《总目》相关材料以及《总目》与分纂提要的对比，来厘清分纂官、总纂官、总裁官、清高宗等人对于《总目》编撰所作的不同贡献，以期对《总目》的编纂形成新的认识。司马朝军之前，王重民、黄爱平等人曾先后研究过《总目》的编撰过程，亦颇有收获，但司马朝军是从分纂官起草、总纂官修订、总裁官裁正、清高宗钦定这种工作程序上予以论证的。其意在说明，《总目》的编撰不是某一个人的功劳，而是集体创作的结果，是官撰而非私撰，体现着官方意志而非个人意志。这些结论虽然并不新颖，但作者的考证却较为有力。

《〈四库全书总目〉编纂考·自序》云："本书将用材料说话，主要使用传统考据学的方式、方法，不厌其烦地向大家展示大量的第一手材料。"大概也由于这一点，书中略有堆砌材料之嫌。有评论曰："细读之，方发觉其中几尽是资料之堆砌、粗略之比对，而于翁稿与提要所以致异，因何不同之处，除略为爬梳四库存录之准则外，竟乃不著一辞。""略见其所以行文者，概是有关翁稿与提要的对照，并无任何深入之探究"。① 对于作者在书中首次揭示的新材料——沈叔埏《颐彩堂文集》中的有关文稿，北京师范大学张升教授经过重新论证，认为："《颐彩堂文集》卷八、九、十中所收的诸多'书后'，并非如司马朝军《〈四库全书总目〉编纂考》一书所认为的是沈氏所拟的《四库》提要稿。它们应多为沈氏对《四库》书录副后所作的跋语，其中一些'书后'的内容或多或少参考了《四库》

① 任真：评《四库全书总目编纂考》，http://lib.verycd.com/topics/93626/，又见豆瓣网 http://book.douban.com/review/1398639/.

提要稿。"①

但无论如何，《〈四库全书总目〉编纂考》是一部优秀的学术著作，这是毋庸置疑的。作为博士后流动站的出站报告，专家组认为这部书："对《总目》编撰过程作了全面、深入的考察，作者从原始文献出发，发掘了鲜为人知的新材料，提出了一系列独到见解。……对四库学的研究具有重大推动作用，对研究 18 世纪思想史、学术文化史具有重要参考价值。"②

有关《总目》的研究著作，除了以上几类，还有一些属于对《总目》各部、类的局部性研究。这类研究中，作者多是由自己所从事的学科领域出发，对《总目》相关内容进行精耕细作。在日本，昭和四十七年（1972）日本弘荣社出版了土曜谈话会四库全书总目叙编集委员会编纂的《四库全书总目提要叙译注（集部）》。昭和五十九年（1984）日本研文出版社出版了近光藤男的《四库全书总目提要唐诗集の研究》。该书把目光集中于《总目》集部中的唐诗集，爬梳了《总目》著录唐诗集的脉络，探讨了一些有异议的问题。笕文生、野村鲇子合著的《四库提要北宋五十家研究》（日本汲古书院，2000 年）和《四库提要南宋五十家研究》（日本汲古书院，2006 年），则是关于《总目》宋代别集著录研究的优秀之作。这两部书"虽然是采用译注的形式，但是目的在于针对传记、版本和文学史的评价等，

---

① 张升：《沈叔埏与〈四库全书〉提要稿——兼与司马朝军先生商榷》，《图书馆研究与工作》2007 年第 2 期，第 75 页。

② 王俊义：《一部扎实厚重、突破创新的四库学前沿之作——读〈四库全书总目编纂考〉有感》，《〈四库全书总目〉编纂考·前言》，武汉：武汉大学出版社，2005 年，第 6 页。

查证提要之说，如果有谬误就加以修正"①。在台湾地区，龚诗尧的《〈四库全书总目〉之文学批评研究》（花木兰文化工作坊，2005 年），探讨了《总目》中文学批评段落的特点、思想内涵、"公论"观念、呈现机制等；庄清辉的《〈四库全书总目·经部〉研究》（花木兰文化工作坊，2005 年），从目录学的角度出发，专门分析了《总目》经部中所涉及的书名、卷数、撰者、版刻、辨伪、批评与价值、编纂体例等内容；曾守正的《权力、知识与批评史图像——〈四库全书总目〉"诗文评类"的文学思想》（台湾学生书局，2008 年），则从文学批评史的角度针对《总目》集部"诗文评类"进行了深入诠释。在中国大陆，2013 年出版了两部新著：柳燕的《〈四库全书总目〉集部研究》与王育林的《〈四库全书总目〉子部医家类汇考》。前者是对《总目》集部的专门论述，以六章内容分别对集部所包含的楚辞类、别集类、总集类、诗文评类、词曲类以及集部存目进行了详尽分析，重点挖掘了其中所体现的学术思想内容；后者是对《总目》子部"医家类"的集中研究，内容按照《总目》著录顺序排列，对原书中所选 195 种中医著录、存目及附录书，先抄录提要原文，然后汇考各家论述，包括原文考证、书目著录、序跋、诸家论说等。这些对《总目》局部的专门性研究，是《总目》研究走向细化、深入的具体体现。

此外，在《总目》的研究成果中，还存在着大量的各类论文。限于篇幅，不能一一尽述。2013 年 8 月，国家图书馆出版社出版了由甘肃省图书馆、天津图书馆联合编辑的大型工具书《四库全书研究论文篇目索引》。该书以年代为序，收录了 1908—2010 年发表在国内外期刊、报纸、论文集、

---

① 野村鲇子：《论〈四库提要〉如何评论南宋文学》，《第四届宋代文学国际研讨会论文集》，杭州：浙江大学出版社，2006 年，第 319 页。

个人专集、不定期出版物、学位论文中有关《四库全书》研究的近 5000
余篇论文篇目，信息完备，著录规范，有关《总目》研究的论文亦被收录
其中。欲知其详，尽可查阅。至于专门针对《总目》研究而编制的目录，
陈俞静所编《〈四库全书总目〉研究论著目录》是较为全面的一种。该目
录囊括了中国、日本的《总目》研究成果，分"著作""硕博士学位论文""著
作和硕博士学位论文中的相关部分""期刊、论文集和会议论文""网络
文章"等五个部分。每部分各以时间为序进行编排，时间下限为 2013 年 6 月。
该目录收录于陈东辉主编的《历代文献学要籍研究论著目录》一书，浙江
大学出版社 2014 年 3 月出版。

　　现代科技日益进步，特别是古籍整理的数字化、检索技术的电子化等，
为《总目》研究创造了前所未有的便利条件。新技术、新方法的采用，相
信会让《总目》研究推陈出新，成果迭现。

第六章 《四库全书总目》对乾嘉学风的影响

第一节 "四库馆启，天下学术为之一变"

《四库全书总目》编撰于清代乾隆盛世，它对当时及后来的学风产生了重要影响。

清初以来学风，以实证为其特征。其间，最具代表性的人物为顾炎武。顾炎武呼吁"博学于文"，又倡回归儒学原始经典，以音韵之学为入门功夫，曰："读九经自考文始，考文自知音始。以至诸子百家之书，亦莫不然。"① 其学术博赡而能通贯，每一事必详其始末，参以证佐，凡事有佐证方可立是非，无佐证则宁付阙疑而决不师心自用。故引据浩繁，而抵牾者少。顾炎武既重文献之实证研究，亦重实地考察。其北游途中，"以二马二骡载书自随，所至阨塞，即呼老兵退卒，询其曲折。或与平日所闻不合，则即坊肆中发书而对勘之"②。洪亮吉曾评说顾炎武、阎若璩对于明清之际学风转移的影响："自元明以来，儒者务为空疏无益之学，六书训诂，屏斥不谈，于是儒术日晦，而游谈坌兴。虽间有能读书如杨慎、朱谋㙔者，非

① （清）顾炎武：《答李子德书》，《顾亭林诗文集·亭林文集》卷四，北京：中华书局，1983 年，第 73 页。

② （清）全祖望：《亭林先生神道表》，《全祖望集汇校集注·鲒埼亭集》卷十二，上海：上海古籍出版社，2000 年，第 230—231 页。

果于自用，即安于作伪，立论往往不足依据。迨我国家之兴，而朴学始辈出，顾处士炎武、阎征君若璩首为之倡。"① 顾炎武外，其他如黄宗羲、黄宗炎、胡渭、万斯同、万斯大、陈确、姚际恒等，亦皆尚实证。诸儒引经据古、搜讨源头、互相参证，或辨《古文尚书》之伪，或驳河图洛书说之非，或考《大学》《中庸》，皆条理明晰，考据细密。

从康雍入乾嘉，学术宗主一变，经学蔚为主流。清初大儒本倡通经致用，亟亟于复兴经学，而康熙帝与乾隆帝又大力奖掖于其间。康熙帝于十七年（1678）诏举博学鸿儒。二十二年（1683）撰《易序》，述"朕以经学为治法之意"，谓："朕夙兴夜寐，唯日孜孜，勤求治理。思古帝王立政之要，必本经学。"② 五十六年（1717）春二月撰《〈性理精义〉序》，又谓："朕自冲龄至今，六十年来，未尝少辍经书。"③ 乾隆帝以右文之主自命，于经学更为倡导。乾隆元年（1736），重申"以经学为治法"之宗旨。十二年（1747），清廷重刻《十三经注疏》，乾隆帝撰序，谓："嘉与海内学者笃志研经，敦崇实学。庶几经义明而儒术正，儒术正而人才昌，恢先王之道，以赞治化而宏远猷，有厚望焉。"④ 十四年（1749），诏令荐举潜心经学之士。次年，吏部核准保举经学科四十九名。又命方苞、任启运等裒集《三礼》。深宫意向已昭然可见，经学迅速成为官方主导学术。

---

① （清）洪亮吉：《邵学士家传》，《洪亮吉集》第 1 册，《卷施阁文甲集》卷九，第 192 页。

② （清）鄂尔泰、（清）张廷玉等：《国朝宫史》卷二十七，《书籍六·日讲易经解义一部》，第 554 页。

③ （清）鄂尔泰、（清）张廷玉等：《国朝宫史》卷二十七，《书籍六·御纂性理精义一部》，第 576 页。

④ （清）鄂尔泰、（清）张廷玉等：《国朝宫史》卷三十五，《书籍十四·重刻十三经一部》，第 670 页。

清儒治经学，务求实证，"考历代之名物、象数、典章、制度，实而有据者也"①，"无证据而以臆度者，在所必摈"②。所谓"考据学"因此而兴起。陈用光说："一切考证之学，古人唯事其实而已，至本朝始立其名。"③考据本是一种学问方法，至是而独立成"学"。其特征乃是借径于汉学之方法门径，突出"识字读音"之训诂考证，于宋明理学之《四书》传统外别立一面旗帜，对古代经典重加诠释。而其时之考据学，以惠栋为先导人物，以京城纪昀、王鸣盛、钱大昕、朱筠等翰苑新贵为新锐力量。乾隆十九年（1754），其时尚为县学生的戴震入京，与钱大昕、纪昀等交谊，纪昀延请戴震坐馆于自宅阅微草堂，并出资刊刻戴震的著作《考工记图》。其《〈考工记图〉序》盛赞曰："戴君深明古人小学，故其考证制度、字义，为汉已降儒者所不能及，以是求之圣人之遗经，发明独多。""是书之为治经所取益固巨。"④以考文知音为治经门径，是顾炎武倡导的学术方法，纪昀将戴震与顾炎武的学脉打通，并向学术界指明这一方法之价值，对于乾嘉考据学确立为学精神具有指导性意义，戴震因此声誉鹊起。

乾隆三十八年（1773），清廷开馆纂修《四库全书》。四库馆云集一流汉学家，他们将其学术理念灌注于《四库全书总目》中，梁启超称："《四库提要》这部书，却是以公的形式表现时代思潮，为向来著述未曾有。当时四库馆中所网罗的学者三百多人，都是各门学问的专家。露骨地说，四库馆就是汉学家的大本营，《四库提要》就是汉学思想的结晶体。就这一

---

① 《经解入门》卷五，《有考据之学第三十五》，方国瑜点校，天津：天津古籍书店，1932 年，第 152 页。

② 梁启超：《清代学术概论》，上海：上海古籍出版社，1998 年，第 47 页。

③ （清）陈用光：《与伯芝书》，《太乙舟文集》卷五，《清代诗文集汇编》第 489 册，第 602 页。

④ （清）纪昀：《〈考工记图〉序》，戴震《考工记图》，第 3—4 页。

点论，也可以说是：康熙中叶以来汉、宋之争，到开四库馆而汉学派全占胜利。"①

平心而论，《四库全书总目》对汉、宋学的批评是力求公允的。《总目》中一再强调，汉学与宋学各有所长，亦各有缺陷：

> 夫汉学具有根柢，讲学者以浅陋轻之，不足服汉儒也；宋学具有精微，读书者以空疏薄之，亦不足服宋儒也。消融门户之见而各取所长，则私心祛而公理出，公理出而经义明矣。盖经者非他，即天下之公理而已。今参稽众说，务取持平。②
>
> 考证之学，宋儒不及汉儒；义理之学，汉儒亦不及宋儒。③

但是，《四库全书总目》尽管批评东汉古文学"拘"、清代朴学"琐"，却在知识的价值体系上更为突出宋学的缺陷。这一体系的核心内容就是《四库全书总目》在《凡例》中所宣布的：

> 刘勰有言：意翻空而易奇，词征实而难巧。儒者说经论史，其理亦然。故说经主于明义理，然不得其文字之训诂，则义理何自而推？……今所录者，率以考证精核、辨论明确为主，庶几可谢彼虚谈，敦兹实学。④

---

① 梁启超：《中国近三百年学术史》，天津：天津古籍出版社，2003年，第24页。
② 《四库全书总目·经部总叙》，第1页。
③ 《四库全书总目》卷三十五，经部四书类，《四书章句集注》提要，第294页。
④ 《四库全书总目·凡例》，第18页；又见中国第一历史档案馆编：《纂修四库全书档案》，附录二，第2717页。

　　《四库全书总目》对《春秋》三传的评价，便深刻体现了这样一种价值态度。《春秋》三传，互有短长。但《四库全书总目》认为：左氏说经，"据事而言"，虽然往往有不甚得经意之处，"然其失也，不过肤浅而已"。公羊、穀梁二家说经，则"凭心而断"，"钩棘月日以为例，辨别名字以为褒贬"，在字句之间反复推寻微言大义，"乃或至穿凿而难通"。"不甚得经意"与"凭心而断"虽然都属学术上的缺陷，但"征实迹者其失小，骋虚论者其失大"①。因此，《春秋左氏传》的缺陷是可以原谅的，《公羊》《穀梁》二传的缺陷却是难以接受的。在这样一种知识价值体系的裁判下，《四库全书总目》自然显示出"扬汉抑宋"的特色：凡是实证的、考据的、搜罗宏富的，亦即具有汉学风格的著作无不得到褒奖，远离人事的、玄虚的、恣肆的乃至思辨的著作则被尖锐批评。在后一种作品中，宋学著作自不在少数。

　　《四库全书总目》虽然对"濂洛关闽之道学"有一种恭敬、尊崇的姿态，但在全书的总叙、小序和群书的题解中，却时时处处对程朱理学加以排击。程朱理学以"太极"为"宗旨秘义"②，《四库全书总目》对此批评道：

　　　宋儒因性而言理气，因理气而言天，因天而言及天之先，辗转相推，而太极、无极之辨生焉。……夫性善性恶，关乎民彝天理，此不得不辨者也。……顾舍人事而争天，又舍共睹共闻之天而争耳目不及之天，其所争者毫无与人事之得失，而曰吾以卫道。学问之醇疵、心术人品之邪正、天下国家之治乱，果系于此二字乎？③

────────────

① 《四库全书总目》卷二十九，经部春秋类四按语，第244页。
② （宋）叶适：《习学记言序目》卷四，北京：中华书局，1977年，第47页。
③ 《四库全书总目》卷九十五，子部儒家类，《太极图分解》提要，第801页。

《四库全书总目》子部《读书偶记》条又有一段批评：

　　太极一图，经先儒阐发，已无剩义，而绘图作说，累牍不休，殊
为支蔓。夫人事迹，天道远，日月五星，有形可见。儒者所论，自谓精微，
推步家实测验之，其不合者固多矣。况臆度诸天地之先乎？①

　　前一则提要指出，"太极、无极之辨"无关国计民生，因此是无用学
问。后一条提要指出，理学家所论的"精微"的宇宙本原，实是一种经不
起推步家实验观测的"臆度"。两则提要都很尖锐，也很有力。

　　《四库全书总目》扬汉抑宋的学术倾向，代表着当时一流汉学家的集
体认知，挟持着朝廷修书的意志，对乾嘉学风产生了巨大影响。一方面，
"四方才略之士，挟策来京师者，莫不斐然有天禄石渠、句坟抉索之思。
而投卷于公卿间者，多易其诗赋举子艺业，而为名物考订与夫声音文字之
标。盖骎骎乎移风俗矣"②。另一方面，上至朝中显贵，下至地方士子，
无不讥诋宋学，推崇汉学。袁枚在晚年所著《随园诗话》中称："近今之士，
竞尊汉儒之学，排击宋儒，几乎南北皆是矣。"③江藩《宋学渊源记》记载："近
今汉学昌明，遍于寰宇，有一知半解者，无不痛诋宋学。"④姚鼐的弟子，
也即姚鼐的侄孙、被称为"姚门四杰"之一的姚莹说：

　　① 《四库全书总目》卷九十四，子部儒家类，《读书偶记》提要，第799页。
　　② （清）章学诚：《周书昌别传》，《章学诚遗书》卷十八，第181页。
　　③ （清）袁枚：《随园诗话》卷二，王英志校点，南京：江苏古籍出版社，2006年，第37页。
　　④ （清）江藩：《宋学渊源记》卷上，北京：中华书局，1983年，第154页。

自乾隆以后，四库馆启，天下学术为之一变，以义理为空疏，凡程朱所孳孳者，皆一切鄙弃讪笑之，后生末学靡然成风。[①]

昭梿《啸亭杂录》中的如下一段记载则表现得更为生动：

自于、和当权后[②]，朝士习为奔竞，弃置正道。黠者诟詈正人，以文己过，迂者株守考订，訾议宋儒，遂将濂、洛、关、闽之书束之高阁，无读之者。余尝购求薛文清《读书记》及胡居仁《居业录》诸书于书坊中，贾者云："近二十余年，坊中久不贮此种书，恐其无人市易，徒伤赍本耳！"[③]

濂、洛、关、闽之书不再风行学术界而是束之高阁、无人愿读；典籍荟萃、聚天下之书的北京竟然因"购者无人"而不见明代理学大师薛瑄、胡居仁著作的踪迹。理学典籍的冷落命运由此则记载可知。而汉学的运势，则如后来梁启超所言：

乾嘉以来，家家许、郑，人人贾、马，东汉学灿然如日中天矣。[④]

① （清）姚莹：《〈夏仲子集〉序》，夏炯《夏仲子集》卷首，咸丰五年（1855）刻本。
② 于、和：指于敏中、和珅。于敏中自乾隆三十八年（1773）刘统勋去世后，开始担任首席军机大臣（或称"领班军机大臣"），直至乾隆四十四年（1779）去世。于敏中之后，阿桂接任首席军机大臣。但因阿桂长年在外，军机处大权实际掌握在较受乾隆帝宠信的和珅手中。
③ （清）昭梿：《书贾语》，《啸亭杂录》卷十，第317—318页。
④ 梁启超：《清代学术概论》，第74页。

乾隆朝开四库馆，引发的不仅仅是学风的变化，而且对下层士子的进身之途也产生了直接影响。开馆之初，因才学卓著而获推荐入馆的"五征君"邵晋涵、周永年、余集、戴震、杨昌霖，后皆被改入翰林。这一破格任用，极大地刺激了毕生汲汲于功名的读书人。卢文弨评价戴震获赐进士、"准其一体殿试"的消息说："天下士闻之咸喜，以为得发抒所学矣。"①在科场上屡屡受挫的章学诚也不无感叹地评价："今天子右文稽古，三通、四库诸馆以次而开，词臣多由编纂超迁，而寒士挟策依人，亦以精于校雠辄得优馆，甚且资以进身，其真能者，固若力农之逢年矣。而风气所开，进取之士，耻言举业。"②

第二节　嘉道时期对四库馆和《四库全书总目》的批判

《四库全书》问世后，以其"钦定"身份，居于思想文化界的尊贵峰巅。章学诚言，其时史册之著录，"以钦定《四库书》入史部者为主"，"不见于《四库》著录，不敢登也。入《四库》之著录而不隶于史部者，亦不敢登"③。民国时期顾颉刚著《四库全书造成之学风》，叙《四库全书》之影响，也举例指出它在学人中的地位，如《持静斋书目》的编目，"《四库》

---

① （清）卢文弨：《〈戴氏遗书〉序》，《戴震集》，上海：上海古籍出版社，2009年，第450页。

② （清）章学诚：《答沈枫墀论学书》，《文史通义》，杭州：浙江古籍出版社，2005年，713页。

③ （清）章学诚：《史考释例》，《文史通义》，第441页。

著录者顶格，《四库》未著录者低一格；分类一切依《提要》"①。但是，当清王朝从烈火烹油、鲜花着锦之顶峰跌落下来，《四库全书》与《总目》的至尊地位也随之发生动摇。

由乾隆入嘉庆，王朝统治的危机日益深化。嘉庆十八年（1813），天理教攻入皇宫，给清王朝极大的震动。汉学考据独尊的地位遭到质疑。何以汉学昌明却无法拯救世道人心？段玉裁回答此问题曰："愚谓今日大病在弃洛、闽、关中之学不讲"，"故专言汉学不治宋学，乃真人心世道之忧，而况所谓汉学者，如同画饼乎"。②清廷亦作出相似回应。嘉庆二十二年（1817）十月十五日上谕："宋儒《朱子全书》，固足以阐明经术，而五经及四子书，炳若日星，若在官者各能身体力行，以为编氓倡率，亦何不可收世道人心之益。"③理学由此获得复兴之契机，宗宋学者迅即对汉学加以反击，《四库全书总目》成为批判的标靶。

早在嘉庆四年（1799），姚鼐就致函胡虔，抨击说："去秋始得《四库全书总目》一部，阅之其持论大不公平。鼐在京时，尚未见纪晓岚猖獗若此之甚，今观此则略无忌惮矣，岂不为世道忧邪？"④

道光二十年（1840），当涂夏炘著成《夏仲子集》，对《四库全书总目》公开宣战。

① 顾颉刚：《四库全书造成之学风》，《顾颉刚全集》第16册，《顾颉刚读书笔记》卷一，北京：中华书局，2011年，第145页。

② （清）段玉裁：《致陈恭甫先生书》第3通，《左海文集》卷四《答段懋堂先生书》附录，《清代诗文集汇编》第499册，第182页。

③ 《清实录》第32册《仁宗睿皇帝实录》卷三百三十五，"嘉庆二十二年十月乙酉"条，第420页。

④ （清）姚鼐：《与胡雒君（十五）》，《惜抱先生尺牍》卷三，宣统初元（1909）小万柳堂据海源阁本重摹本，第10页。

　　《夏仲子集》卷三篇首即《读〈四库全书提要〉》，次篇则为《读〈四库全书简明目录〉》。在《读〈四库全书提要〉》中，夏炘批评说：四库馆"纂修诸公"，"不知体要"，"全书中经史外，所有天文舆地、佛经道藏、医卜堪舆、诗文词曲、艺术小说，皆网罗殆尽"，"而理学经济之书"，"只宋元明以来诸钜公收其文集语录之一二，而其未及取者甚多"，清初理学诸儒的著作，则"无片纸录入四库"。他谴责说："考据家之书与理学诸儒之书，孰为有用，孰为无用，不待智者而能辨，其时纂修诸公，皆称通人，何其昧昧至此也。""殊令读四库书不能不为（理学）抱憾"，"且又不得不深咎当时在馆诸公有负朝廷委托之责也"。①在《读〈四库全书简明目录〉》中，夏炘又指责说："炘读《提要》一遍，既惜当时在馆诸公，未能尽搜访理学诸儒之作，再读《简明目录》于各书评断之处，又深疑当时诸公有意尊崇考据，而不满于宋贤。""各门类之书，议论一涉宋儒，即有微词讽语。"文中厉声谴责："仁庙特升朱子于十哲之次，永定万世公论，而四库馆诸公竟专与宋儒为怼，不唯学识浅陋，亦且无以仰答圣朝敦尚正学之至意也。"②

　　姚鼐的弟子姚莹，把对四库馆与《总目》的批判上升到了国家危机的高度，他说："自四库馆启之后，当朝大老皆以考博为事，无复有潜心理学者。至有称诵宋、元、明以来儒者，则相与诽笑。是以风俗人心日坏，不知礼义廉耻为何事。至于外夷交侵，辄皆望风而靡，无耻之徒，争以悦媚夷人为事，而不顾国家之大辱，岂非毁讪宋儒诸公之过哉！"③姚永概

---

　　①　（清）夏炘：《读〈四库全书提要〉》，《夏仲子集》卷三。

　　②　（清）夏炘：《读〈四库全书简明目录〉》，《夏仲子集》卷三。

　　③　（清）姚莹：《复黄又园书》，《中复堂全集·东溟文外集》卷一，同治六年（1867）刊本，第34—35页。

在《慎宜轩日记》中记载："偶于书简中检得《丙丁龟鉴》，前列《四库全书提要》一段。祖父书之云：'《提要》皆纪氏一人核定，专以邪说害正，更王钦若之不如。《记》所云：学非而博者，三王之法所必诛也。乌能逃万世之公论哉。凭借圣世，以四库总裁之权，愚欺天下之人，圣主万几，徒以其博而用之，岂能一一驳正乎。以其读书稍多，权位复重，使寡学寒俭之士，夺气噤口，莫能一言。风俗人心大坏，所谓社鼠城狐者。其恶焰所扇，一至如此，每见使人愤叹不已。大哉，睿皇帝之谕曰：纪昀读书虽多而不明理。一言定万世之法矣'。"[1] 姚永概的祖父即姚莹。

姚鼐的另一弟子姚椿也抨击说："纪氏之《总目》，殊致不满于宋儒，略其大美而责其小疵。其于朱子，特以圣祖尊崇之故，不敢显相龃龉，然其阳奉而阴诋之者，不可胜数矣。"[2]

魏源对纪昀与《总目》亦颇有微词："乾隆中修《四库》书，纪文达公以侍读学士总纂。文达故不喜宋儒，其《总目》多所发挥。"[3]

对《四库全书总目》和纪昀的抨击，一直延续到光绪年间。姚莹的孙子姚永概在《慎宜轩日记》中承继姚氏家族敌视《总目》和纪昀的观念，斥骂纪昀说："晓岚尚书生平所为，诞妄邪淫，受高宗厚恩而绝无功业之垂，亦无匡弼之语，徒窃荣宠，舞弄笔墨。其于宋明诸儒，大者语含讥谤，小者妄肆诋排，为名教罪人，乃少正卯流也。而世不察，反因其博而信其言，为之文饰，甚者助其波而扬其焰，亦独何心欤。"[4] 在光绪十四年（1888）

①　姚永概：《慎宜轩日记》第3册，"壬午年八月初七日"条，第78页。
②　（清）姚椿：《书〈读史管见〉后》，《晚学斋文集》卷二，《清代诗文集汇编》第522册，第398页。
③　（清）魏源：《书宋名臣言行录后》，《古微堂外集》卷三，《魏源全集》第13册，长沙：岳麓书社，2011年，第194页。
④　姚永概：《慎宜轩日记》第3册，"壬午年八月初七日"条，第78页。

六月二十一日的日记中，姚永概又呵斥说："纪晓岚深恶程朱之学……程
朱之说昌，则若辈之所行为不足自立，虽号淹博而纵欲败度，必为人之所
诟诃，故不遗余力攻之，务使礼义之说不得行，而后若辈可以为所欲为……
本朝极尊朱子，纪昀不敢直斥之，故旁见侧出，妄肆讥嘲，要欲大溃防闲
而已。"

　　针对宋学家对《总目》"扬汉抑宋"的批评，叶德辉曾加辩解。他说：
"《四库全书提要》一书，无论为汉、为宋，其学之有流弊者，类皆一一
辨别其是非，而其立词，则曰讲学家，又曰其末流如何，皆沿《班志》《隋
书》《崇文总目》之例，其于汉学亦然，并不斥其初祖。乾嘉以后之人读
《提要》不通，致有河间遵汉抑宋之论说。"① 邓之诚在日记中也说：《东
原文集》中，"屡以康成、朱子并称，世人乃谓'尊汉抑宋'，何其卤莽。"②

　　当然，嘉道年间对纪昀与《总目》的批评，不是"读《提要》不通"
的缘故，也不是"何其卤莽"。所谓"学术流变，与时消息"，对《总目》
的批评与世运变迁是一致的。康乾盛世之后，汉学盛极而衰，宋学起而反
击，此消彼长，正是学术思潮运动的规律。如果我们把乾嘉考据学看作是
清代学术的"全盛期"，那么纂修《四库全书》、编撰《四库全书总目》
则又可以看作是乾嘉考据学的"极盛时期"。嘉道时期《总目》光环的消退，
则标志着乾嘉考据学走向衰退。整个乾嘉考据学的盛衰，正以《总目》为
中心，光耀夺目地展开，又黯淡地降下帷幕。但是，摆脱了钦定光环的《总
目》，其内在的文化价值，却迷人地展现了出来。

---

① 叶德辉：《答南学会皮孝廉书》，《叶德辉文集》，印晓峰点校，上海：华东
师范大学出版社，2010 年，第 233 页。

② 邓之诚：《邓之诚日记》下册，邓瑞整理，南京：凤凰出版社，2012 年，第 1160 页。

第七章　《四库全书总目》的文化价值

乾隆六十年（1795）十月，以文澜阁所藏四库馆臣写本为底本的《四库全书总目》在浙江首次刊刻面世。同年十一月，在京城，武英殿本《四库全书总目》也正式刊刻成书。从 1795 年到 2015 年，历史走过了二百二十年。二百多年来，人们叩开《四库全书总目》的大门，发掘它的奥秘，探索它的文化世界。二百多年来，《四库全书总目》历经浩劫，但它依然熠熠生辉。

第一节　《四库全书总目》在中国古代目录学上的贡献

《四库全书总目》首先是一部目录学著作。目录学是一种专门之学。"目录"一词最早大约出现于西汉，西汉末年刘歆所编的《七略》中有"尚书有青丝编目录"之句。"目录"中的"目"一般指篇名或书名，"录"是对目的说明和编次，把一批篇名或书名与说明编次合在一起就是目录。目录有一书目录、群书目录。一书目录是对一本书的篇名和说明加以集中编排，为的是让读者一目了然。《周易》"十翼"中的《序卦传》被认为是最早的一书目录。群书目录是对多种书籍书名和叙录的总聚，它是在图书事业发展到一定程度之后才产生的。东汉班固根据《七略》改写成的《汉书·艺文志》是现存最早的一部综合性群书目录。而《四库全书总目》则是群书目录中的杰出代表。群书目录是目录学研究的主要对象，它对读书、治学有着重要的辅助作用。

古代中国，目录学传统源远流长。先秦时期，目录学虽处于萌芽之中，但孔子在删定、编定和解释"六经"的时候，已经创造性地推动了目录工作和目录学的发展。西汉成帝河平三年（前26），刘向受命校书，领导了中国历史上第一次大规模的图书整理运动。十九年之后，刘向去世，他的儿子、也是他的主要助手刘歆继续主持校书编目工作，在其父所作《别录》的基础上，经过近两年努力，终于编成了我国第一部综合性图书分类目录《七略》。刘向、刘歆父子的校书编目工作在我国目录学史上具有开创性的意义，他们的成果《别录》《七略》成为中国目录学的奠基之作，他们在工作中形成的校书编目原则、方法、体例，均成为后世学者继承和发扬。班固的《汉书·艺文志》就是在《七略》基础上精炼而成，其后的正史艺文志、经籍志，以及形形色色的书目分类体系，也都是在《七略》基础上发展、演变而来。

自汉代以后，目录学著作日益繁多，种类也越来越复杂。按照编制目的和社会功用，目录学著作可以分为三种类型：1. 国家图书目录，又称官修目录。是由政府主持对国家藏书进行整理后所编制的一种目录。以上所言《别录》《七略》就属于这种类型。从西汉开始，几乎每个朝代都曾在政府支持下进行过较大规模的图书整理工作。清代的《四库全书总目》则是此类目录书中最为庞大的一部。2. 史志目录。指正史中的《艺文志》《经籍志》和有些朝代的《国史经籍志》一类目录书，以及某些政书中的目录书。在这一类目录著作中，以《汉书·艺文志》和《隋书·经籍志》最负盛名。

3.私家目录。它由私人编纂，著录对象基本上是私人藏书，范围比较广泛。此类目录书始于南朝王俭的《七志》和阮孝绪的《七录》，而以宋代晁公武的《郡斋读书志》和陈振孙的《直斋书录解题》最为代表。

无论何种目录，它的基本目的与功用都是一致的，这就是对已有典籍进行分类编排，提供较为集中的文献信息，方便人们读书治学之用。对目录学的这些本质特征，前人已发表过很多精辟的见解。如刘咸炘说："要之，目录学者，所以明书之体性与其历史者也。"①姚名达说："目录学者，将群书部次甲乙，条列异同，推阐大义，疏通伦类，将以辨章学术，考镜源流，欲人即类求书，因书究学之专门学术也。"②汪辟疆说："目录学者，纲纪群籍簿属甲乙之学也。""目录学者，辨章学术剖析源流之学也。""目录学者，鉴别旧椠雠校异同之学也。""目录学者，提要钩元，治学涉径之学也。"又说："目录者，综合群籍，类居部次，取便稽考是也。目录学者，则非仅类居部次，又在确能辨别源流，详究义例，本学术条贯之旨，启后世著录之规。方足以当之。此目录学之界义也。"③总的来看，中国古代目录学不仅重视对典籍的分类，而且非常强调对相关学术史的梳理。

《四库全书总目》作为中国古代最后也是最大的一部官修目录，它的贡献无疑是巨大的。

《四库全书总目》对中国古代目录学的贡献首先表现在它对分类体系的完善。

《四库全书总目》采取四部分类法。四部分类法是从《隋书·经籍志》开始正式确立的。《隋书·经籍志》的分类体系是：经部分为易、书、诗、

---

① 刘咸炘：《刘咸炘论目录学》，上海：上海科学技术文献出版社，2008年，第3页。
② 姚名达：《中国目录学史》，第7页。
③ 汪辟疆：《目录学研究》，北京：商务印书馆，1956年，第1—3、11页。

礼、乐、春秋、孝经、论语、纬书、小学十类；史部分为正史、古史、杂史、霸史、起居注、旧事、职官、仪注、刑法、杂传、地理、谱系、簿录十三类；子部分为儒、道、法、名、墨、纵横、杂、农、小说、兵、天文、历数、五行、医方十四类；集部分为楚辞、别集、总集三类；附道经，分为经戒、饵服、房中、符录四类；附佛经，分为大乘经、小乘经、杂经、杂疑经、大乘律、小乘律、杂律、大乘论、小乘论、杂论、记十一类。共分六部五十五类。如果不算附录的道、佛两部，经、史、子、集四部下共分四十类。将道、佛经籍另附分类，与隋唐宗教的昌盛有关。

　　《隋书·经籍志》之后，无论官修目录、史志目录还是私家目录，基本上都沿用四部分类体系。如，宋代的官修目录《崇文总目》六十六卷，按四部分四十五类，道书、释书均作为小类归入子部；宋代私家目录《郡斋读书志》亦分四部四十五类（有的版本分四十三类）；元代所修史志目录《宋史·艺文志》仍分为四部四十五类。值得一提的是，南宋著名学者郑樵在他的传世之作《通志·艺文略》中，突破了四部分类体系，把古代典籍分为十二大类：经、礼、乐、小学、史、诸子、天文、五行、艺术、医方、类书、文。有的大类下面，再分为若干小类；小类之下，再细分类目。共计十二大类八十二小类四百四十二种。它的三级分类系统，使目录分类更为细化。郑樵在《通志·校雠略》中提出了"类例既分，学术自明"的著名论点，使目录的知识分类与厘清学术脉络两大功能得到统一。郑樵的图书分类标准虽然颇具眼光，但由于较为繁杂，在目录编撰中并没有得到具体的应用。《四库全书总目》注意到郑樵在目录分类上的创意，加以吸收，其所采用的正是三级分类体系，即在一些小类之下细分子目，使内容较为庞杂的小类更具条理性与层次感，达到"类例既分，学术自明"的效果。综合传统四部分类法与郑樵的经验，《四库全书总目》最终细分为四部四十四类六十六子目，繁简得体，较为合理。

《四库全书总目》虽继承传统四部分类法，但却不墨守成规，而是根据学术发展状况，进行损益调整。比如，宋代以后，史论书籍渐多，《总目》于史部中增设"史评类"，收录了之前被《新唐书·艺文志》收入集部的《史通》等书。宋代以后，史学著作中出现了"纪事本末体"这一新体裁。《总目》与时俱进，在史部中增设了"纪事本末类"，收录了之前在《宋史·艺文志》中被归为编年类的《通鉴纪事本末》等书。再如《香谱》《笋谱》等书，旧志归入农家，《总目》依循尤袤《遂初堂书目》的做法，单列"谱录"一类收录之。在《总目》之前，诏令、奏议是各自为类的，《总目》中将它们合并于史部，彰显了二者的相关性与史料价值的同等重要性。以往被单独分类的墨家、名家、纵横家，因流传的书籍种类较少，《总目》仿黄虞稷《千顷堂书目》之例将它们合并为杂家一类。因"杂之义广，无所不包"，杂家之下，又被细分为杂学、杂考、杂说、杂品、杂纂、杂编六个子目。以上诸例，体现了《总目》对古代图书分类方法的继承与发展。

《总目》在对所收图书的分类上，纠正了过去"循名失实，配隶乖宜"的错误做法，一一"考校原书，详为厘定"，按照书籍的内容主旨进行合理归类。《凡例》举例云："如《笔阵图》之属旧入小学类，今唯以论六书者入小学，其论八法者不过笔札之工，则改隶艺术。《羯鼓录》之属，旧入乐类，今唯以论律吕者入乐。其论管弦工尺者，不过世俗之音，亦改隶艺术。《左传类对赋》之属旧入春秋类，今以其但取俪词，无关经义，改隶类书。《孝经集灵》旧入孝经类，《穆天子传》旧入起居注类，《山海经》《十洲记》旧入地理类，《汉武帝内传》《飞燕外传》旧入传记类，今以其或涉荒诞或涉鄙猥，均改隶小说。他如扬雄《太元经》旧入儒家类，今改隶术数。俞琰《易外别传》旧入易类，今改隶道家。又如《倪石陵书》名似子书，而实文集，陈埴《木钟集》名似文集，而实语录。凡斯之流，不可殚述，并一一考核，务使不失其真。"①这同样体现了《总目》对中国古代目录分类体系的完善。

　　《四库全书总目》在中国古代目录学上的贡献，不唯体现在它对中国古代目录学分类体系的完善上，还体现在它建构了一个完备的学术体系。该书"于所列诸书，各撰为提要，分之则散弁诸编，合之则共为《总目》"②，不仅把原著要义与相关各点联系起来，全面显示该著作在文化史上的学术价值，而且通过四十四类之首的小序与四部之首的总叙，以及纪昀的最后笔削整饬，把一万多种典籍加以整合性构造，形成一个较为完整的知识总体。这是《四库全书总目》的莫大成功。

　　集中国古典目录学之大成的《四库全书总目》一经问世，便引起同时代和后世学子的瞩目与推扬。与纪昀交谊甚笃的王昶评说道："《提要》二百卷，使读者展阅了然。盖自列史艺文、经籍志及《七略》《七录》《崇文总目》诸书以来，未有闳博精审若此者。"③

　　清人周中孚评价《总目》说："窃谓自汉以后，簿录之书，无论官撰私著，凡卷第之繁富，门类之允当，考证之精审，议论之公允，莫有过于是编矣。"④

---

　　①　《四库全书总目·凡例》，第 17 页。

　　②　《四库全书总目·凡例》，第 17 页。

　　③　（清）王昶：《湖海诗传》卷十六《纪昀》，《蒲褐山房诗话新编》，济南：齐鲁书社，1988 年，第 63 页。

　　④　（清）周中孚：《钦定四库全书总目》，《郑堂读书记》卷三十二，上海：上海书店出版社，2009 年，第 487 页。

与张之洞合编《书目答问》的缪荃孙在《钱塘丁氏〈八千卷楼藏书志〉序》中盛赞《总目》说："至于考证撰人之仕履，释作书之宗旨，显征正史，遍采稗官，扬其所长，纠其不逮，《四库提要》实集古今之大成。"[①]

积平生精力研读《总目》的余嘉锡全面肯定《总目》的学术价值："今《四库提要》叙作者之爵里，详典籍之源流，别白是非，旁通曲证，使瑕瑜不掩，淄渑以别，持比向、歆，殆无多让；至于剖析条流，斟酌今古，辨章学术，高挹群言，尤非王尧臣、晁公武等所能望其项背。故曰自《别录》以来，才有此书，非过论也。故衣被天下，沾溉靡穷，嘉、道以后，通儒辈出，莫不资其津逮，奉作指南，功既巨矣，用亦弘矣。"[②]

自《总目》出，不少目录学家把它奉为楷模加以仿效。阮元指导编成的《天一阁书目》、张金吾的《爱日精庐藏书志》、瞿镛的《铁琴铜剑楼藏书目录》、陆心源的《皕宋楼藏书志》、丁丙的《善本书室藏书志》，基本上都是按照《总目》的体系分类和编排。在《总目》的启示下，阮元进呈"四库未收书"174种，又刊成《四库未收书目提要》五卷。孙星衍"拟以善本及难得本进御"，亦仿《总目》的编写形式，先后撰成《廉石居藏书记》与《平津馆鉴藏记》。周中孚《郑堂读书记》的编纂，也从《总目》中汲取了丰富的营养。

目录学素有"门径学"之称。清代学者王鸣盛在《十七史商榷》中称："目录之学，学中第一要紧事，必从此问途，方能得其门而入。"[③]又说：

---

① 缪荃孙：《钱塘丁氏〈八千卷楼藏书志〉序》，《纪晓岚文集》第3册，第393页。

② 余嘉锡：《四库提要辨证·序录》，第48—49页。

③ （清）王鸣盛：《〈史记集解〉分八十卷》，《十七史商榷》卷一，上海：上海书店出版社，2005年，第1页。

"凡读书最切要者，目录之学，目录明，方可读书；不明，终是乱读。"^①《四库全书总目》不仅以分类体系和编写提要方式影响了藏书家和目录学家，而且以它对中国古代学术源流及历代著作要旨的概评，指示着士子读书、研究的方向。龚自珍称他读《总目》是"平生为目录之学之始"^②。陈澧向张维屏请教读书之法，张氏告曰：《四库提要》，挈其纲领，千门万户，可从此识其途径，渐可升其堂奥^③。张之洞在《輶轩语》中向读书士子们宣称："今为诸生指一良师，将《四库全书总目提要》读一过，即略知学问门径矣。"又说："《四库提要》为读群书之门径。"^④余嘉锡也认为："《提要》之作，前所未有，足为读书之门径，学者舍此，莫由问津。"^⑤时至今日，《四库全书总目》依然是学者了解中国古代学术的必经之途、经典著作。

第二节　《四库全书总目》对中国古代学术的总结

作为中国古代规模最为宏大、体制最为完善、编制最为出色的一部目

①　（清）王鸣盛：《汉书叙例》，《十七史商榷》卷七，第45页。
②　（清）龚自珍：《己亥杂诗·自注》，《龚自珍全集》第十辑，上海：上海人民出版社，1975年，第515页。
③　转引自胡楚生：《经生与烈士：试论陈兰甫与朱鼎甫之为学路向》，《书目季刊》第16卷1期，1982年；收入胡楚生：《清代学术史研究》，台北：学生书局，1988年，第263页。
④　（清）张之洞：《輶轩语·语学第二·通论读书》，苑书义主编《张之洞全集》第11册，河北人民出版社，1998年，第9791页；沈云龙主编《张文襄公（之洞）全集》，台北：文海出版社，1970年，第14861页。
⑤　余嘉锡：《四库提要辨证·序录》，第51页。

录书，《四库全书总目》理应得到关于自身目录学价值的高度评价，这是毫无疑问的。从目录学角度来研究《总目》，无论在过去、现在还是将来，都是《总目》研究中一个不可稍有轻视的重要方面。

然而，仅仅从目录学角度来认识《总目》，毕竟视角太狭窄，包容广阔、意蕴丰富的《总目》决非"簿录之书"或"目录学著作"之名可加以范围。

《四库全书总目》的编撰与《四库全书》密不可分，没有《四库全书》也就没有《四库全书总目》。但《四库全书总目》作为解题目录，一经出现便有其独立的意义。《四库全书总目》中的提要与小序部分，极为详审。"其中叙录一项，改称提要，于所收每一书籍，或考证作者之生平，或辨析书中之义趣，或检核内容之疑似，盖于古今数千种著述之旨要，皆能剖析毫芒，详论其是非者也。至于小序一项，随其种别，厘为四部，析为四十四类，每类小序，各叙一家之源流发展，专论一派之优劣得失，盖于数千年学术变迁之大势，皆能挈其纲领，有条而不紊者也。"① 所以，《四库全书总目》本身就是一部学术史著作，它对中国古代学术典籍作了一次全面总结。可以这样说，《四库全书》重在整理，《四库全书总目》重在总结。前者对图书进行了大量搜集、版本选择、内容删改，后者则着眼于乾隆以前中国学术文化纷纭错综、变动不居的具体形态及其历史演变，加以气度恢宏的检阅与反省，从而理所当然地成为一部具有特殊价值的文化史著作。

《四库全书总目》的文化史著作特性，首先体现在它居于 18 世纪的历史制高点，鸟瞰与回溯传统文化的千年"源流正变"。如《经部总叙》以一种过程宏观的意识鸟瞰由两汉至清代两千年间的经学流变：

---

① 胡楚生：《〈四库提要叙讲疏〉跋》，《四库提要叙讲疏》，第 224 页。

自汉京以后，垂二千年，儒者沿波，学凡六变。其初专门授受，递禀师承，非唯诂训相传，莫敢同异，即篇章字句，亦恪守所闻，其学笃实谨严，及其弊也拘；王弼、王肃稍持异议，流风所扇，或信或疑，越孔、贾、啖、赵以及北宋孙复、刘敞等，各自论说，不相统摄，及其弊也杂；洛闽继起，道学大昌，摆落汉唐，独研义理，凡经师旧说，俱排斥以为不足信，其学务别是非，及其弊也悍；（如王柏、吴澄攻驳经文，动辄删改之类。）学脉旁分，攀缘日众，驱除异己，务定一尊，自宋末以逮明初，其学见异不迁，及其弊也党；（如《论语集注》误引包咸"夏瑚、商琏"之说，张存中《四书通证》即缺此一条以讳其误，又如王柏删《国风》三十二篇，许谦疑之，吴师道反以为非之类。）主持太过，势有所偏，材辨聪明，激而横决，自明正德、嘉靖以后，其学各抒心得，及其弊也肆；（如王守仁之末派皆以狂禅解经之类。）空谈臆断，考证必疏，于是博雅之儒引古义以抵其隙，国初诸家，其学征实不诬，及其弊也琐。（如一字音训动辨数百言之类。）要其归宿，则不过汉学、宋学两家互为胜负。[1]

三百来字的篇幅，便将两千年来经学历史运动的波澜起伏以及其间的长短得失勾画得如此清晰，非第一流的大手笔莫能如此。

《经部总叙》追寻的是两千年来经学流变的历史。《经部·易类小序》则对经学中的分支——易学作了"穷原竟委"的回顾：

《易》之为书，推天道以明人事者也。《左传》所记诸占，盖犹

---

[1] 《四库全书总目·经部总叙》，第1页。

太卜之遗法。汉儒言象数，去古未远也，一变而为京、焦，入于机祥。再变而为陈、邵，务穷造化，《易》遂不切于民用。王弼尽黜象数，说以老、庄，一变而胡瑗、程子，始阐明儒理，再变而李光、杨万里，又参证史事，《易》遂日启其论端。此两派六宗，已互相攻驳。①

笔墨粗犷的勾勒将《易》学流变以及《易》学"两派六宗"的学术特征，清晰明朗地展现在读者面前。

各个时代的历史文化轨迹也展现在《总目》中。如《杨仲弘集》提要与《明诗综》提要论宋明文学：

盖宋代诗派凡数变。西昆伤于雕琢，一变而为元祐之朴雅。元祐伤于平易，一变而为江西之生新。南渡以后，江西宗派盛极而衰。江湖诸人欲变之，而力不胜。于是仄径旁行，相率而为琐屑寒陋，宋诗于是扫地矣。②

明之诗派，始终三变。洪武开国之初，人心浑朴，一洗元季之绮靡。作者各抒所长，无门户异同之见。永乐以迄弘治，沿三杨台阁之体，务以春容和雅，歌咏太平。其弊也冗沓肤廓，万喙一音，形模徒具，兴象不存。是以正德、嘉靖、隆庆之间，李梦阳、何景明等崛起于前，李攀龙、王世贞等奋发于后，以复古之说，递相唱和，导天下无读唐以后书。天下响应，文体一新。七子之名，遂竟夺长沙之坛坫。渐久而摹拟剽窃，百弊俱生，厌故趋新，别开蹊径。万历以后，公安倡纤

---

① 《四库全书总目·经部·易类序》，第1页。
② 《四库全书总目》卷一百六十七，集部别集类，《杨仲弘集》提要，第1441页。

诡之音，竟陵标幽冷之趣，幺弦侧调，嘈囋争鸣。[①]

对于文学史家来说，如上议论，无疑是极好的关于宋、明文学演迁的描述。在《总目》宏大的眼光下，西昆之雕琢、元祐之朴雅、江西之生新、江湖之琐屑寒陋、洪武文学之浑朴、台阁体之春容和雅并冗沓肤廓、前后七子之复古拟古以及公安派之纤诡、竟陵派之幽冷，构成"层层限定而又层层突破"的文学运动。

一部《四库全书总目》便是如此生动地包括了中国古代学术史、文学史、史学史的历程，展示了它们变动不居、层层因革的历史运动。这样一部视野恢宏的文化史著作，在中国文化史上罕有匹敌。

《四库全书总目》对中国学术和中国历史文化的回溯，不仅仅是宏观的，它对各个时期文化思潮的讨论，它对历史上人物的评价，都十分具体。无论是历史人物研究还是文化思潮研究，都可以从中找到丰富的资料。称《四库全书总目》是一座中国历史文化的宝库，实在是名至实归。

当然，《四库全书总目》的所有价值评价和学术脉络的清理，都只能是"他们"的价值评价和历史重构，而正是在"他们"的价值评价和历史重构中，又蕴藏着18世纪特定的文化心理和历史氛围、精神气象。对于研究18世纪中国历史文化的学人来说，这是一笔不可多得的学术财富。

岁月悠悠二百年，经过历史的浇铸，《四库全书总目》已经成为一座不朽的历史丰碑，镌刻着18世纪中国知识精英的思考与智慧，任时光流逝，它都永远不会磨灭。

---

① 　《四库全书总目》卷一百九十，集部总集类，《明诗综》提要，第1730页。

主要参考文献

周云青：《四库全书提要叙笺注》，上海：上海医学书局，1926 年

杨家骆：《四库全书学典》，上海：世界书局，1946 年

（清）纪昀等：《四库全书总目》（影印本），北京：中华书局，1965 年

杨家骆：《四库全书概述（增附五种本）》，台北："中国学典馆"复馆筹备处，1975 年

赵尔巽等：《清史稿》，北京：中华书局，1977 年

刘兆佑：《四库著录元人别集提要补正》，台北：私立东吴大学中国学术著作奖助委员会，1978 年

余嘉锡：《四库提要辨证》，北京：中华书局，1980 年

林鹤年：《四库全书表文笺释》，北京：文物出版社，1984 年

杨家骆：《四库全书大辞典》，北京：中国书店，1987 年

任松如：《四库全书答问》，成都：巴蜀书社，1988 年

黄爱平：《四库全书纂修研究》，北京：中国人民大学出版社，1989 年

吴哲夫：《四库全书纂修之研究》，台北：故宫博物院，1990 年

崔富章：《四库提要补正》，杭州：杭州大学出版社，1990 年

李裕民：《四库提要订误》，北京：书目文献出版社，1990 年

周积明：《文化视野下的〈四库全书总目〉》，南宁：广西人民出版社，1991 年

周积明：《纪昀评传》，南京：南京大学出版社，1994 年

杨家骆：《四库全书百科大辞典》，北京：警官教育出版社，1994 年

（清）纪昀等：《钦定四库全书总目》（整理本），北京：中华书局，1997 年

中国第一历史档案馆编：《纂修四库全书档案》，上海：上海古籍出版社，1997 年

胡玉缙撰、王欣夫辑：《四库全书总目提要补正》，上海：上海书店出版社，1998 年

淡江大学中国文学系主编：《两岸四库学——第一届中国文献学学术研讨会论文集》，台北：学生书局，1998 年

杨武泉：《四库全书总目辨误》，上海：上海古籍出版社，2001 年

周积明：《文化视野下的〈四库全书总目〉》，北京：中国青年出版社，2001 年

张舜徽：《四库提要叙讲疏》，台北：学生书局，2002 年

司马朝军：《〈四库全书总目〉研究》，北京：社会科学文献出版社，2004 年

李裕民：《四库提要订误》（增订本），北京：中华书局，2005 年

翁方纲撰、吴格整理：《翁方纲纂四库提要稿》，上海：上海科学技术文献出版社，2005 年

司马朝军：《〈四库全书总目〉编纂考》，武汉：武汉大学出版社，

2005 年

翁方纲等著，吴格、乐怡标校：《四库提要分纂稿》，上海：上海书店出版社，2006 年

张升编：《〈四库全书〉提要稿辑存》，北京：北京图书馆出版社，2006 年

杜泽逊：《四库存目标注》，上海：上海古籍出版社，2007 年

张传峰：《〈四库全书总目〉学术思想研究》，上海：学林出版社，2007 年

司马朝军：《〈四库全书总目〉精华录》，武汉：武汉大学出版社，2008 年

陈晓华：《"四库总目学"史研究》，北京：商务印书馆，2008 年

孙彦、王姿怡、李晓明选编：《民国期刊资料分类汇编·四库全书研究》，北京：国家图书馆出版社，2010 年

（清）纪昀等：《纪晓岚删定〈四库全书总目〉稿本》，北京：国家图书馆出版社，2011 年

张升：《四库全书馆研究》，北京：北京师范大学出版社，2012 年

陈垣著、陈智超编：《陈垣四库学论著》，北京：商务印书馆，2012 年

魏小虎：《四库全书总目汇订》，上海：上海古籍出版社，2012 年

甘肃省图书馆、天津图书馆编：《四库全书研究论文篇目索引（1908—2010）》，北京：国家图书馆出版社，2013 年

《中国珍贵典籍史话丛书》已出版书目

序号	书名	著者	定价	出版时间	条码
1	打开西夏文字之门	聂鸿音 著	48.00	2014 年 7 月	ISBN 978-7-5013-5276-0
2	《文苑英华》史话	李致忠 著	52.00	2014 年 9 月	ISBN 978-7-5013-5273-9
3	敦煌遗珍	林世田 杨学勇 刘 波 著	58.00	2014 年 9 月	ISBN 978-7-5013-5274-6
4	康熙朝《皇舆全览图》	白鸿叶 李孝聪 著	45.00	2014 年 9 月	ISBN 978-7-5013-5351-4
5	慷慨悲壮的江湖传奇	张国风 著	52.00	2014 年 10 月	ISBN 978-7-5013-5442-9
6	《太平广记》史话	张国风 著	48.00	2015 年 1 月	ISBN 978-7-5013-5484-9

7	《永乐大典》史话	张忱石 著	48.00	2015 年 1 月	ISBN 978-7-5013-5493-1
8	《玉台新咏》史话	刘跃进 原著 马燕鑫 订补	53.00	2015 年 1 月	ISBN 978-7-5013-5530-3
9	《史记》史话	张大可 著	52.00	2015 年 6 月	ISBN 978-7-5013-5587-7
10	西夏文珍贵典籍史话	史金波 著	55.00	2015 年 9 月	ISBN 978-7-5013-5647-8
11	《金刚经》史话	全根先 林世田 著	38.00	2016 年 6 月	ISBN 978-7-5013-5803-8
12	《太平御览》史话	周生杰 著	45.00	2016 年 10 月	ISBN 978-7-5013-5874-8
13	春秋左传史话	赵伯雄 著	45.00	2016 年 11 月	ISBN 978-7-5013-5880-9
14	《尔雅》史话	王世伟 著	38.00	2016 年 12 月	ISBN 978-7-5013-5938-7
15	《广舆图》史话	成一农 著	48.00	2017 年 1 月	ISBN 978-7-5013-5990-5

16	《齐民要术》史话	缪启愉 缪桂龙　著	45.00	2017 年 4 月	ISBN 978-7-5013-5978-3
17	《淳化阁帖》史话	何碧琪　著	55.00	2017 年 4 月	ISBN 978-7-5013-6055-0

国家图书馆出版社简介

国家图书馆出版社 1979 年成立，原名书目文献出版社，1996 年更名为北京图书馆出版社，2008 年改为现名。

本社是文化部主管、国家图书馆主办的中央级出版社。2009 年 8 月新闻出版总署首次经营性图书出版单位等级评估定为一级出版社，并授予"全国百佳图书出版单位"称号。2014 年被全国哲学社会科学规划办公室评定为"国家社科基金后期资助项目推荐申报出版机构"。

建社三十余年来，形成了两大专业出版特色：一是整理影印各种稀见历史文献；二是编辑出版图书馆学和信息管理科学著译作，出版各种书目索引等中文工具书。此外还编辑出版各种文史著作和传统文化普及读物。